*Es un honor para Denalyn y para mí
dedicar este libro a Randy y Rozanne Frazee.
Trabajadores competentes.
Siervos consagrados.
Amigos maravillosos.*

# También por Max Lucado

## Inspiradores
3:16
*Acércate sediento*
*Al entrar al cielo*
*Aligere su equipaje*
*Antes del amén*
*Aplauso del cielo*
*Como Jesús*
*Con razón lo llaman el Salvador*
*Cuando Cristo venga*
*Cuando Dios susurra tu nombre*
*Cura para la vida común*
*Días de gloria*
*Dios se acercó*
*Él escogió clavos*
*El trueno apacible*
*En el ojo de la tormenta*
*En manos de la gracia*
*Enfrente a sus gigantes*
*Gente común: perdidos y hallados*
*Gracia*
*Gran día cada día*
*La gran casa de Dios*
*Lecturas inspiradoras de Lucado*
*Más allá de tu vida*
*Max habla sobre la vida*
*Mi Salvador y vecino*
*No se trata de mí*
*Saldrás de esta*
*Segundas oportunidades*
*Seis horas de un viernes*
*Sin temor*
*Todavía remueve piedras*
*Un amor que puedes compartir*
*Y los ángeles guardaron silencio*

## Ficción
*La historia de un ángel*
*La vela de Navidad*

## Libros de regalo
*El regalo para todo el mundo*
*Esperanza pura y sencilla*
*Gracia para todo momento, vols. I y II*
*Para estos tiempos difíciles*
*Promesas inspiradoras de Dios*
*Ser papá*
*Su gracia vive aquí*
*Un cafecito con Max*

## Libros infantiles
*Buzby, la abeja mal portada*
*El corderito tullido*
*Flo la mosca mentirosa*
*Hermie, una oruga común*
*Hermie y sus amigos del jardín*
*Hermie y Wormie en un diluvio de mentiras*
*Por si lo querías saber*
*Stanley, una chinche apestosa*
*Webster, la arañita miedosa*

## Biblias (Editor general)
*Biblia Gracia para el momento*

# Contenido

*Reconocimientos*      vii

1. Me encanta la Navidad      1
2. Dios tiene rostro      11
3. Salvados de nosotros mismos      21
4. Esperanza para los días huecos      33
5. Nunca es demasiado tarde      45
6. La adoración hace maravillas      55
7. Dios guía a los magos      69
8. La humildad brilla      79
9. Quizás hoy      89
10. Corona, cuna y cruz      101
11. Adiós a las curvaturas      113
12. Cada día es Navidad, cada corazón es un pesebre      123

*Guía de estudio*      131
*Notas*      179
Acerca del autor      183

# Reconocimientos

*S*abios, pastores y ángeles. Ellos llegaron a José y a María. Y también llegaron a mí.

Este libro se terminó gracias a esta gente especial.

Las editoras Liz Heaney y Karen Hill: ¡tanta diligencia y paciencia!

La correctora de estilo Carol Bartley: ningún error escapa a tus ojos diestros.

El equipo administrativo de Steve y Cheryl Green: jamás podrían encontrarse amigos más leales.

El equipo editorial de TNI, dirigido por Mark Schoenwald, David Moberg, LeeEric Fesko y Liz Johnson: aprecio sinceramente su apoyo incansable.

Los consultores y publicistas Greg y Susan Ligon, y Jana Muntsinger: cada autor debería contar con su asistencia creativa.

David Treat, guerrero de oración: siempre presente, siempre intercediendo. Como Jesús.

La Iglesia Oak Hills: cada vez que me paro en el púlpito, pienso: *¿Todavía no se han cansado de mí?* Sin embargo, ustedes siguen haciendo acto de presencia.

Janie Padilla y Margaret Mechinus, asistentes administrativas: hora tras hora resolviendo problemas, ofreciendo apoyo. ¡Tan valiosas!

Mi familia: Brett, Jenna, Andrea, Jeff y Sara: ustedes hacen que el corazón de este papá reviente de orgullo.

Rose, mi nieta: tu mami te trajo al mundo al mismo tiempo que yo entregué este libro para ser publicado. ¡Tu llegada es la que importa! ¡Bienvenida!

Y mi muy amada Denalyn: gracias a ti he disfrutado la Navidad cada día por treinta y cuatro años. Te amo.

# 1

## Me encanta la Navidad

Me encanta la Navidad. ¡Que los cascabeles repiquen! ¡Que los cantores de villancicos se escuchen! ¡Mientras más Papá Noel, mejor! ¡Mientras más árboles, mejor!

Me encanta la Navidad. El jo, jo, jo, el ro po pom pom, y las películas y canciones navideñas. La «Noche de paz» y los caramelos.

No me quejo de las tiendas abarrotadas. No refunfuño por los supermercados atestados de gente. ¿El vuelo está lleno? ¿No cabe un alma más en el restaurante? ¡Qué importa! ¡Es Navidad!

Y a mí me encanta la Navidad.

Me puedes traer a Scrooge, al primo Eddie y la «escopeta de aire comprimido modelo Red Ryder con capacidad para doscientos balines». «¡Te vas a volar el ojo de un tiro!».

Las guirnaldas y el ruido, y el levantarse para «ver qué está pasando». Bing y sus canciones. Los globos de Macy's. Los besos bajo el muérdago, las listas de peticiones para Papá Noel y los platos preferidos. La nieve de los días festivos, la vestimenta de invierno y la nariz roja de Rodolfo.

Me encanta la Navidad.

Me encanta porque alguien, en algún lugar, hará las preguntas de Navidad: ¿y por qué tanto revuelo acerca del bebé en el pesebre? ¿Quién era él? ¿Qué tiene que ver su nacimiento conmigo? El interrogador puede ser un niño mirando al patio en una guardería. Tal vez un soldado asignado lejos de su hogar. O puede ser una joven mamá que, por primera vez, sostiene en sus brazos a su bebé en Nochebuena. La temporada navideña insta a hacer preguntas.

⸎

> Me encanta la Navidad porque alguien, en algún lugar, hará las preguntas de Navidad: ¿y por qué tanto revuelo acerca del bebé en el pesebre?

⸎

Recuerdo la primera vez que hice esas preguntas. Crecí en un pueblito pequeño al oeste de Texas; hijo de un mecánico y una enfermera. Nunca fui pobre, pero ciertamente tampoco rico. Mi papá instalaba oleoductos en los campos petroleros. Mamá trabajaba el turno de tres a once en el hospital. Todas las mañanas, yo seguía a mi hermano mayor hasta la escuela primaria, y en las tardes jugaba a la pelota en el vecindario.

Papá estaba a cargo de la cena. Mi hermano lavaba los platos y yo me encargaba de barrer el piso. Nos bañábamos cerca de las ocho de la noche o antes, y ya para las nueve estábamos en la cama, con permiso para hacer solo una cosa antes de apagar las luces. Podíamos leer.

Dentro del baúl al pie de nuestra cama había libros para niños. Libros grandes, cada uno con ilustraciones satinadas y en colores llamativos. Los tres osos vivían en el baúl. También el lobo grande y malvado, los siete enanos, y un mono con una lonchera, del que no me acuerdo el nombre. Y en alguna parte del baúl, debajo de los cuentos de hadas, había un libro sobre el niñito Jesús.

En la cubierta tenía un pesebre color amarillo-heno. Una estrella brillaba sobre el establo. José y un burro, con los ojos igual de abiertos, estaban parados cerca. María tenía un bebé en los brazos. Ella lo miraba y él la miraba a ella, y recuerdo que yo los miraba a ambos.

Mi papá, un hombre de pocas palabras, nos había dicho a mi hermano y a mí: «Muchachos, la Navidad se trata de Cristo».

En uno de esos momentos de lectura antes de dormir, en algún punto entre los cuentos de hada y el mono con la lonchera, pensé en lo que él había dicho. Comencé a hacer preguntas sobre la Navidad. Y de una u otra manera, las he seguido haciendo desde entonces.

Me encantan las respuestas que he encontrado.

Como esta: Dios sabe cómo nos sentimos los seres humanos. Cuando le hablo sobre plazos de entrega o filas largas o tiempos difíciles, él entiende. Él ha pasado por eso. Él ha estado *aquí*. A causa de Belén, tengo un amigo en el cielo.

---

A causa de Belén, tengo un Salvador en el cielo. La Navidad comienza lo que celebra el domingo de resurrección. El niño en la cuna se convirtió en el Rey en la cruz.

---

A causa de Belén, tengo un Salvador en el cielo. La Navidad comienza lo que celebra el domingo de resurrección. El niño en la cuna se convirtió en el Rey en la cruz. Y debido a que él lo hizo, no hay manchas en mi récord. Solo gracia. Su oferta no tiene letras pequeñas. Él no me dijo: «Lávate antes de entrar». Él me ofreció: «Entra y yo te lavaré». Lo importante no es cómo yo me agarre de él, sino que él me agarre con fuerza. Y su agarre es seguro.

Así también ocurre con su presencia en mi vida. ¿Los regalos de Navidad de Papá Noel? Son agradables. Sin embargo, ¿la presencia perpetua de Cristo? Eso transforma la vida.

Dios siempre está cerca de nosotros. Siempre a favor de nosotros. Siempre en nosotros. Tal vez nos olvidemos de él, pero él nunca se olvidará de nosotros. Siempre estamos en su mente y en sus planes. Él se llama a sí mismo «Emanuel, que traducido es: Dios con nosotros» (Mateo 1.23).

---

Dios siempre está cerca de nosotros.
Siempre a favor de nosotros. Siempre en
nosotros. Tal vez nos olvidemos de él,
pero él nunca se olvidará de nosotros.

---

No solo «Dios nos creó».

No solo «Dios piensa en nosotros».

No solo «Dios por encima de nosotros».

Sino Dios *con* nosotros. Dios dondequiera que estemos: en la oficina, en la cocina, en el avión. Él respiró nuestro aire y caminó en esta tierra. ¡Dios... con... nosotros!

Necesitamos más que nunca este mensaje. Vivimos en tiempos de ansiedad. El terrorismo está a la altura de su nombre: terror. La violencia se cierne sobre nuestro planeta como una nube oscura.

Piensa en las imágenes que vemos en las noticias: los ataques sin sentido, el derramamiento de sangre, los actos de crueldad al azar.

Y, como si la maldad no fuera suficiente, existe el temor de otra recesión. Parece que tambalea en el borde del mercado alcista yendo hacia el bajista y el mundo financiero desplomándose. Los pastores se quedaron despiertos, vigilando sus rebaños por la noche. Tú has estado durmiendo con un ojo abierto tratando de vigilar tus acciones por la noche.

Y hay más:

El trabajo que no puedes mantener.
El tumor que no puedes diagnosticar.
El matrimonio que no puedes arreglar.
El jefe al que no puedes complacer.

Nos podemos identificar con el niño que interpretaba la parte del ángel en la historia de Navidad. Él y su madre ensayaron sus líneas una y otra vez: «Soy yo. No tengan miedo». «Soy yo. No tengan miedo».

Sin embargo, cuando comenzó el desfile de Navidad, él caminó hacia el escenario y al ver las luces y el público se paralizó. Después de un silencio incómodo, finalmente dijo: «Soy yo, y tengo miedo».

¿Tienes miedo? Si es así, te sugiero que necesitas un poco de la Navidad. No quiero decir una dosis de sentimientos empalagosos, o la alegría de Papá Noel o un ponche de huevo doblemente cargado. Eso no es Navidad.

La Navidad, como decía mi papá, es acerca de Cristo. El nombre de Cristo encierra todo el sentido de la Navidad, por el amor de Dios. No se trata de Papá Noel, las compras o el reno.

Se trata de Cristo. Y la Navidad no sería Navidad a menos que, o hasta que, recibas el mensaje de Belén.

¿Lo has recibido? ¿Con la prisa y las carreras de la temporada, has dedicado tiempo para recibir la promesa de la temporada?

- Dios nos entiende.
- Dios nos salva.

Dios está siempre cerca de nosotros. Por cierto, Belén fue solo el principio. Jesús ha prometido que la función se repetirá. Belén, acto 2. Sin embargo, esta vez no será una noche de paz. Los cielos se abrirán, las trompetas sonarán, y un nuevo reino comenzará. Él vaciará las tumbas y derretirá el invierno de la muerte. Él pasará su pulgar por la mejilla colectiva de sus hijos y enjugará toda lágrima. «¡Se acabó la tristeza, la enfermedad, las sillas de ruedas y el cáncer! ¡Basta ya de gritos de miedo y noches de horror! Muerte, ¡ahora mueres tú! Vida, ¡ahora tú reinas!». El pesebre nos invita, incluso nos reta a creer que lo mejor todavía está por venir. Y todo podría comenzar hoy.

Pero, si no es así, existe una razón. Ningún día es incidental ni accidental. No existen actos al azar ni desperdiciados. Mira el nacimiento en Belén. Un rey ordenó un censo. José se vio obligado a viajar. María, redonda como un escarabajo, se subió sobre un asno. El hotel estaba lleno. Era tarde en la noche. El suceso era toda una complicación. Sin embargo, de esa complicación nació la esperanza.

Todavía lo es. No me gustan las complicaciones. No obstante, me encanta la Navidad porque nos recuerda cómo «Dios hace que todas las cosas cooperen para el bien de quienes lo aman» (Romanos 8.28 NTV).

Las promesas de Navidad tienen forma de corazón. Mucho después de haberse retirado los invitados y que los cantores de villancicos se han ido a casa y se han quitado las guirnaldas, estas promesas permanecen.

¿Tal vez podrías usar algo de Navidad esta Navidad?

Hagamos lo que hice cuando era un niñito de seis años, con pecas, pelirrojo y un recorte a ras. Encendamos la lámpara, acurruquémonos en un lugar cómodo, e investiguemos la extraña y maravillosa historia de Belén.

Mi esperanza es que encuentres lo que yo encontré: una vida de esperanza.

# 2

## Dios tiene rostro

¿*P*or qué golpeamos más de una vez los botones del ascensor?

¿Por qué nos gusta el asiento delantero en el autobús y el último escaño en la iglesia?

¿Por qué nos perforamos el cuerpo y colgamos joyas de los agujeros?

¿Por qué pedimos instrucciones y después peleamos con la persona que nos las da?

¿Cuál es el propósito de una corbata?

La conducta racional no es uno de nuestros rasgos distintivos. Sin embargo, si quieres ver personas al borde de la locura, simplemente observa la manera en que las familias tratan a sus bebés en la temporada navideña.

Nadie advierte al pobre niñito. Recién se está recuperando de su travesía por el canal de parto cuando de pronto la familia comienza a decorarlo como si fuera un cachorro en un desfile de perros. Un gorro tejido y peludo con un pompón blanco en la punta. Zapatitos de duendes ridículos que se enrollan en los dedos. Cuando este bebé se convierta en adolescente y se vista con vaqueros holgados y luzca un tatuaje, los adultos gruñirán ante el cuadro. Pero, ¿y qué de vestir a un bebé de seis meses con tirantes y antenas de reno? ¡Ah, eso es adorable!

Y los regalos que hacemos. La chiquitina no puede salirse de su cuna, pero su mamá —siempre impetuosa— ya le ha comprado «Hooked on Phonics» para que aprenda fonética. Él todavía no puede hablar sin ayuda y abuelo le regala un bate Louisville Slugger.

¡Y las fotos que tomamos!

El bebé masticando adornos.

El bebé dormido debajo del árbol.

El bebé en el regazo de Papá Noel.

Papá Noel con una mancha húmeda en el regazo.

¡Armamos tanto alboroto! Entra con un bebé a cualquier sitio y todo cambia. Abuela estira sus brazos. Abuelo se despierta. La conversación cambia de política y presidentes a pañales y chupetes. En esta temporada del año los bebés son el centro de atención. Y así debe ser. ¿Acaso no es la Navidad la historia de un bebé?

Semilla del cielo en el vientre de María.

Minúscula, pero poderosa.

Un feto, pero también fuerza.

Dios desciende por el canal de parto.

Nació.

Creador acunado en un establo en Belén.

Infante, pero infinito.

Dormido, pero Rey.

Dios gorjea en los brazos de mamá.

Bebé.

Este es el momento de Navidad que dio forma a todas las demás que seguirían. En una noche iluminada por estrellas en compañía de ovejas, ganado y un José desconcertado, los ojos de María se posaron sobre el rostro de su hijo recién nacido. Ella estaba agotada, sin duda. Adolorida, lo más seguro. Probablemente lista para recostar su cabeza sobre la paja y dormir el resto de la noche. Pero primero María tenía que ver este rostro. *Su* rostro. Para limpiar los fluidos de su boca y sentir la forma de su quijada. Para ser la primera en susurrar: «Entonces así es como luce Dios».

La gente siempre ha preguntado sobre la imagen de Dios. Sociedades han especulado. Tribus han reflexionado. Y hemos llegado a una variedad de conclusiones. Dios ha sido representado como un becerro dorado, y un viento recio, y un volcán enfadado. Él tiene alas, respira fuego, come infantes y exige penitencia. Hemos creído que Dios es feroz, mágico, caprichoso y demente. Un dios al que tenemos que evitar, temer y aplacar. Pero jamás, ni siquiera en las imaginaciones más alocadas de los seres humanos, se nos ocurrió pensar que Dios llegaría al mundo como un infante.

«Y aquel Verbo fue hecho carne, y habitó entre nosotros» (Juan 1.14). El Verbo no se convirtió en un torbellino o en un fuego devorador, sino en una sola célula, un óvulo fertilizado, un embrión... un bebé. Una placenta lo alimentó. Un saco amniótico lo rodeó. Creció hasta alcanzar el tamaño de un puño. Su pequeño corazón se dividió en cámaras. Dios se hizo carne.

---

Jesús no entró a nuestro mundo *semejante* al ser humano, sino *como* ser humano.

---

Jesús no entró a nuestro mundo *semejante* al ser humano, sino *como* ser humano. Él soportó pobreza, espinillas, calor sofocante y vecinos maniáticos. Dios se hizo humano hasta los dedos de sus pies. Él suspendió las estrellas y repartió los mares, pero mamó de un pecho y durmió sobre heno.

Hace algunos años escribí un capítulo titulado «Veinticinco preguntas para María», en el que imaginaba las cavilaciones que la joven María tuvo sobre Jesús.[1] La idea despertó el interés de una maestra de escuela primaria. Ella les pidió a sus estudiantes que hicieran una lista de las preguntas que les habría gustado hacerle a la joven María. He aquí algunas de sus respuestas:

«¿Puedes creer que estabas embarazada para el mundo entero?».

«¿Sentiste miedo de no hacer un buen trabajo?».

«¿Cuál fue la primera palabra que Jesús dijo cuando bebé?».

«¿Era un bebé lindo?».

«¿Se enfermó alguna vez?».

«¿Alguna vez Jesús se comportó mal?».

«¿Tenía Jesús pelo cuando nació?».

«¿Cuál era su comida favorita?».

«¿Te sentiste más santa?».

«¿Jesús tuvo alguna mascota?».

Estas son preguntas legítimas. El hecho de que podamos hacerlas nos plantea una más importante.

¿Por qué una jornada como esta? ¿Por qué Dios llegó tan lejos?

---

¿Por qué Dios llegó tan lejos? Él quiere que
sepas que él te entiende. Él sabe cómo te sientes
y ha enfrentado todo lo que tú enfrentas.

---

Una razón principal es esta: él quiere que sepas que él te entiende. Él sabe cómo te sientes y ha enfrentado todo lo que tú enfrentas. Jesús «comprende nuestras debilidades, porque enfrentó todas y cada una de las pruebas que enfrentamos nosotros, sin embargo, él nunca pecó. Así que acerquémonos con toda confianza al trono de la gracia de nuestro Dios. Allí recibiremos su misericordia y encontraremos la gracia que nos ayudará cuando más la necesitemos» (Hebreos 4.15–16 NTV).

Como sabes que él entiende, puedes acercarte a él atrevidamente. Gracias al milagro de Belén, puedes contestar estas preguntas esenciales: ¿le importa a Dios si estoy triste? Mira el rostro de Jesús, manchado por las lágrimas, mientras se cerca a la tumba de Lázaro. ¿Se da cuenta Dios de cuando tengo miedo? Fíjate en la resolución en los ojos de Jesús mientras camina en la tormenta para rescatar a sus amigos. ¿Sabe Dios si me han ignorado o rechazado? Encuentra la respuesta en los ojos compasivos de Cristo mientras defiende a la mujer adúltera.[2]

«[Jesús] irradia la gloria de Dios y expresa el carácter mismo de Dios» (Hebreos 1.3 NTV). Jesús mismo afirmó: «El que me ha visto a mí, ha visto al Padre» (Juan 14.9).

«El que me ha visto a mí llorar, ha visto al Padre llorar».

«El que me ha visto a mí reír, ha visto al Padre reír».

«El que me ha visto a mí decidido, ha visto al Padre decidido».

¿Te gustaría ver a Dios? Mira a Jesús.

En 1926, George Harley fundó una misión médica entre la tribu Mano en Liberia. Los vecinos fueron receptivos con el doctor y lo ayudaron a construir una clínica y una capilla. Con el tiempo, Harley atendía a más de diez mil pacientes cada año. Sin embargo, durante los primeros cinco años, ni una sola persona de la tribu visitó la capilla.

Poco después de la llegada del doctor y su esposa, ella tuvo a Robert, su primogénito. El niño creció a las orillas del bosque. «Él era la niña de nuestros ojos», comentó luego Harley. «¡Cuánto amábamos a nuestro pequeñín! Pero un día, cuando tenía casi cinco años, miré por la ventana del dispensario clínico y vi a Bobby. Estaba corriendo afuera, pero se cayó. Luego se paró y corrió un poco más, pero volvió a caerse. Sin embargo, esta vez no se paró de nuevo. Así que salí corriendo y levanté del suelo el cuerpo febril de mi propio hijito. Lo tomé en mis brazos y dije: "Bobby, no te preocupes. Tu papi sabe cómo tratar esa fiebre tropical. Él te va a ayudar a sentirte mejor"».

El doctor Harley probó todos los tratamientos que conocía. Pero nada ayudó. La fiebre subió y poco después la enfermedad arrebató la vida del niño. Los padres estaban consternados por el dolor. El misionero se retiró a su taller y construyó un ataúd. Harley colocó a Robert adentro y clavó la tapa. Levantó el ataúd, lo colocó en sus hombros y caminó hacia el claro para buscar un lugar dónde cavar la sepultura. Uno de los ancianos en la aldea lo vio y le preguntó sobre la caja. Cuando Harley le explicó que su hijo había muerto, el anciano le ofreció su ayuda para cargar el ataúd. El doctor Harley le contó a un amigo lo que ocurrió después:

Así que el anciano tomó un extremo del ataúd y yo tomé el otro. Finalmente llegamos al claro en el bosque. Cavamos la sepultura y pusimos a Bobby allí. Pero cuando ya habíamos cubierto el ataúd, no pude resistir más [...] Caí de rodillas sobre la tierra y comencé a sollozar incontrolablemente. Mi amado hijo estaba muerto y allí estaba yo, en medio de la jungla africana, a doce mil kilómetros de mi hogar y familia. Me sentí completamente solo.

Sin embargo, cuando comencé a llorar, el anciano ladeó su cabeza aturdido de asombro. Se agachó a mi lado y me miró intensa y fijamente. Durante un largo rato permaneció sentado allí, escuchándome llorar. Luego, repentinamente, se levantó de un salto y salió corriendo hacia el sendero que atravesaba el bosque, gritando a todo pulmón una y otra vez: «El hombre blanco, el hombre blanco... él llora como uno de nosotros».[3]

Aquella noche, mientras Harley y su esposa lloraban afligidos en su cabaña, alguien llamó a la puerta. Harley la abrió. Allí parados estaban el jefe y casi todos los hombres, las mujeres y los niños de la aldea. Regresaron otra vez el domingo siguiente y llenaron la capilla a rebosar. Ellos querían escuchar sobre Jesús.

Todo cambió cuando los aldeanos vieron las lágrimas del misionero.

Todo cambia cuando vemos el rostro de Dios.

Él también vino con lágrimas. Él conoce la carga de un corazón quebrantado. Él conoce la tristeza que esta vida trae. Él pudo haber venido como una luz resplandeciente o una voz en las nubes, pero vino como una persona. ¿Te entiende Dios? Descubre la respuesta en Belén.

—⊗—

Él tomó tu rostro con la esperanza
de que veas el de él.

—⊗—

Mira fijamente donde María miró. Mira el rostro de Dios y siéntete seguro. Si el Rey estuvo dispuesto a entrar en el mundo de los animales, los pastores y los pañales, ¿no crees que él esté dispuesto a entrar en el tuyo?

Él tomó tu rostro con la esperanza de que veas el de él.

# 3

———❧———

# Salvados de nosotros mismos

Intenté atribuir la culpa de mi conducta al tráfico de los días festivos. El fin de semana de Acción de gracias había convertido las calles cercanas al centro comercial en un caos controlado.

Intenté atribuir la culpa de mis fechorías a mi estado mental. Iba camino a casa de mis suegros, luego de haber pasado la mayor parte del día ayudando a planificar el servicio fúnebre de la mamá de Denalyn, quien se debilitaba más y más cada día.

Intenté atribuir la culpa de mi pobre reacción al imprudente giro en U que hizo el adolescente, pues casi golpea mi parachoques.

La flecha en el semáforo me invitaba a girar a la derecha, para entrar en la congestionada avenida. Mientras lo hacía, el adolescente hizo una curva inesperada, repentina y cerrada alrededor de la mediana de la carretera. Casi compartimos pintura. Le toqué la bocina. Y tengo que confesar que no la toqué como un cortés «¡Ejem! Con permiso, estoy aquí». Fue un bocinazo largo y ruidoso que gritaba: «¡¿Entiendes lo que estuviste a punto de hacer?!».

Él manejaba un cacharro pintado a dos tonos, con neumáticos anchos y delgados, que soltaba gases de combustión y se remontaba a la década de los ochenta. Necesitaba un silenciador.

También necesitaba un pasajero más maduro. A medida que el coche comenzó a acelerar, salió un largo brazo por la ventana del pasajero, mostrando el dorso de una mano y un dedo.

*Grrr.* Y yo aceleré.

Gracias al semáforo, pronto quedé justo al lado del autor del delito. Todavía tenía la ventana abajo. Bajé la mía. Él me miró. Tenía puesta una gorra de béisbol, metida a empujones sobre una mata de pelo negro. El ala de la gorra estaba hacia un lado. Y su sonrisa burlona también.

«Tienes que cuidar tus ademanes, hijo».

En un mundo ideal, él se habría disculpado y yo le hubiera deseado una feliz Navidad, y no estaría contándote esta historia.

Pero el mundo no es ideal. Cuando le dije que tenía que «cuidar sus ademanes», se rio más todavía y exigió: «¡Oblígame a hacerlo!».

*¿Oblígame a hacerlo?* ¿Cuándo fue la última vez que escuché a alguien decir: «Oblígame a hacerlo»? ¿En la escuela intermedia? ¿En los vestuarios de la escuela secundaria? Hubo una pelea después de la fiesta de graduación. *¿Oblígame a hacerlo?* Eso lo dicen los adolescentes. Y por supuesto, él era un adolescente. No tenía ni rastro de bigote. Era un muchacho flacucho, con pelo descuidado y cargado de testosterona sintiéndose valiente en el asiento del pasajero del auto de su compinche.

Por mi parte, soy un pastor de sesenta años que escribe libros cristianos, habla en conferencias, y siente un llamado a hacer de este mundo un lugar mejor. Debí haber subido mi ventana. Pero no lo hice. Bajé la vista para mirarlo, literal y metafóricamente, y le dije con mi propia versión de una sonrisa burlona:

—¿Qué fue lo que dijiste?

—Oblígame a hacerlo —repitió.

Los santos en el cielo me decían: «Vete de ahí, Lucado».

El sentido común me decía: «Vete de ahí, Lucado».

Los mejores ángeles del universo me instaban: «Vete de ahí, Lucado».

No los escuché. El desafío del punk provocó al punk dentro de mí; a ese punk que no había visto en décadas. Gruñí. «Listo, ¿adónde quieres ir?».

Sus ojos se abrieron del tamaño de una hamburguesa. Él no podía creer que yo hubiera dicho eso. Yo no podía creer que hubiera dicho eso. Tú no puedes creer que yo haya dicho eso. Cuando el muchacho se dio cuenta de que yo hablaba en serio, él hizo lo mismo.

—Arreglemos esto en el centro comercial.

—¿Estás bromeando? —le dije—. En el centro comercial hay demasiada gente. ¡Sígueme!

¿Quéee? De buenas a primeras yo era un experto sobre dónde pelear.

El semáforo cambió y yo aceleré. Y en mi espejo retrovisor pude ver que los dos muchachos sostenían una discusión acalorada.

—¿Qué te parece?

—¡Qué sé yo! ¿Qué crees tú?

—Él luce bastante chiflado.

—Sí, y puede tener un arma o algo.

Para cuando llegué al próximo semáforo, ya no los vi por ninguna parte. Seguro entraron en el estacionamiento.

¡Qué alivio sentí! Manejé el resto del camino a casa de mis suegros preguntándome: *¿De verdad que invitaste a pelear a ese muchacho? ¿Estás loco?*

Me gustaría atribuir la culpa de mi conducta a mi estado mental, al estrés del tráfico, al chofer que por poco choca mi auto, o al pasajero que me sacó de mis casillas. Sin embargo, solo puedo echarle la culpa de mi disparatado comportamiento a una cosa. Al punk en mi interior. Por unos pocos minutos en un semáforo cerca de un centro comercial, olvidé quién yo era.

Y olvidé quién era el adolescente. En aquel momento acalorado, aquel muchacho no era el hijo de alguien. No era una creación de Dios. No era un milagro. No era una obra formidable y maravillosa. Era un patán irrespetuoso, y le permití que sacara a la superficie al patán irrespetuoso en mí.

La Biblia tiene un nombre para esta tendencia: pecado. La naturaleza pecaminosa es la actitud terca y egoísta que dice: «Se hace a mi manera o de ninguna manera». La naturaleza pecaminosa trata solo de mí: complacerme a mí, promoverme a mí, protegerme a mí. El pecado es egoísta.

Tengo una naturaleza pecaminosa.

Y tú también. (Feliz Navidad). Bajo las circunstancias correctas harás algo incorrecto. No querrás hacerlo. Tratarás de evitarlo, pero lo harás. ¿Por qué? Porque tienes una naturaleza pecaminosa.

Naciste con ella. Todos nacimos con ella. Nuestros padres no nos enseñaron a formar berrinches; nacimos con esa destreza. Nadie nos enseñó cómo robarle una galleta a nuestro hermano; simplemente supimos hacerlo. Nunca tomamos un curso para aprender a hacer pucheros o culpar a otros, pero pudimos hacer las dos cosas antes de dejar los pañales. El corazón del problema humano es el problema del corazón humano.

———— ❧ ————

El corazón del problema humano es el
problema del corazón humano.

———— ❧ ————

Cada uno de nosotros llegó a este mundo con una naturaleza pecaminosa.

Dios llegó al mundo para quitarla. La Navidad conmemora el día y la manera en que Dios nos salvó de nosotros mismos.

Mira cuidadosamente las palabras que el ángel le dijo a José.

> José, hijo de David, no temas recibir a María tu mujer, porque lo que en ella es engendrado, del Espíritu Santo es. Y dará a luz un hijo, y llamarás su nombre JESÚS, porque él salvará a su pueblo de sus pecados. (Mateo 1.20–21)

Tal vez nosotros no veamos la conexión entre el nombre *Jesús* y la frase «salvará a su pueblo de sus pecados», pero José sí la vería. Él estaba familiarizado con el idioma hebreo. Los orígenes del nombre en español *Jesús* se remontan a la palabra hebrea *Yeshua*. *Yeshua* es la abreviación de *Yehoshuah*, que significa «Yahweh salva».[1]

¿Quién era Jesús? *Dios* salva.

¿Qué vino a hacer Jesús? Dios *salva*.

*Dios* salva. Jesús no era simplemente divino, parecido a Dios, hambriento de Dios, enfocado en Dios o adorando a Dios. Él era Dios. No era meramente un siervo de Dios, un instrumento de Dios o un amigo de Dios, sino que Jesús era Dios.

Dios *salva*, no Dios se identifica, se preocupa, escucha, ayuda, asiste o aplaude. Dios salva. Específicamente «él salvará a su pueblo de sus pecados» (v. 21). Jesús vino a salvarnos, no solo de la política, los enemigos, los retos o las dificultades. Él vino a salvarnos de nuestros propios pecados.

———— ✺ ————

Jesús vino a salvarnos, no solo de
la política, los enemigos, los retos o
las dificultades. Él vino a salvarnos
de nuestros propios pecados.

———— ✺ ————

Y he aquí el porqué. Dios tiene planes importantes para ti y para mí. Él está reclutando para sí a un pueblo que habitará el cielo. Dios les devolverá a su planeta y a sus hijos el esplendor del huerto del Edén. Será perfecto. Perfecto en esplendor. Perfecto en justicia. Perfecto en armonía.

Una palabra describe al cielo: *perfecto*.

Una palabra nos describe a nosotros: *imperfectos*.

El reino de Dios es perfecto, pero sus hijos no; entonces, ¿qué hace él? ¿Nos abandona? ¿Empieza otra vez? Podría hacerlo. Pero él nos ama demasiado para hacer eso.

¿Nos tolerará con nuestra naturaleza pecaminosa? ¿Poblará el cielo con ciudadanos rebeldes y egoístas? De ser así, ¿cómo el cielo sería cielo?

Él tenía un plan más grande. «Porque a Dios le agradó habitar en él con toda su plenitud» (Colosenses 1.19 NVI).

Todo el amor de Dios estaba en Jesús. Toda la fortaleza de Dios estaba en Jesús. Toda la compasión, el poder y la fidelidad de Dios estuvieron, por un tiempo, en el cuerpo terrenal de un carpintero.

Con razón los vientos obedecían cuando Jesús hablaba; él era *Dios hablando*.

Con razón las bacterias huían cuando Jesús tocaba las heridas; él era *Dios tocando*.

Con razón el agua lo sostuvo mientras él caminaba; él era *Dios caminando*.

Con razón la gente se quedaba sin palabras cuando él enseñaba; él era *Dios enseñando*.

Y con razón diez mil ángeles se detuvieron absortos mientras clavaban a Jesús en la cruz; él era *Dios muriendo*.

Él dejó que seres humanos lo crucificarán, ¡por el amor de Dios! Él se volvió pecado por nosotros. «Al que no conoció pecado, le hizo pecado por nosotros» (2 Corintios 5.21 LBLA). Lo que comenzó en la cuna de Belén culminó en la cruz de Jerusalén.

Pero eso no es todo.

─────※─────

Lo que comenzó en la cuna de Belén culminó en la cruz de Jerusalén. Jesús no solo hizo una obra *por* nosotros; él hace una obra *en* nosotros.

─────※─────

Jesús no solo hizo una obra *por* nosotros; él hace una obra *en* nosotros. «La gloriosa riqueza de este misterio [...] que es Cristo en ustedes» (Colosenses 1.27 NVI).

Él comanda nuestras manos y pies; requisa nuestras mentes y lenguas. «Desde el principio, Dios ya sabía a quiénes iba a elegir, y ya había decidido que fueran semejantes a su Hijo» (Romanos 8.29 TLA).

Al pagar la pena por el pecado, Cristo anula el poder del pecado. El punk interior disminuye, y el Cristo interior florece. Dios nos cambia de día en día, de un nivel al siguiente. Nunca estaremos libres de pecado, pero pecaremos menos.

---

Nunca estaremos libres de pecado,
pero pecaremos menos.

---

Y cuando pequemos, tenemos esta garantía: la gracia que nos salvó también nos protege. Es posible que perdamos los estribos, nuestra perspectiva y nuestro dominio propio. Sin embargo, nunca perdemos nuestra esperanza. ¿Por qué? Porque Dios nos está sosteniendo. Él «es poderoso para evitar que caigan, y para llevarlos sin mancha y con gran alegría a su gloriosa presencia» (Judas v. 24 NTV).

El creyente ha sido salvado de la culpa del pecado, es salvado de los problemas del pecado, y, una vez que Cristo regrese, será salvado del castigo por el pecado. Salvación absoluta y con servicio completo.

¡Dios salva!

Y *solo* Dios salva. Si pudiéramos salvarnos a nosotros mismos, ¿para qué necesitaríamos un Salvador? Jesús no vino al mundo para ayudarnos a salvarnos a nosotros mismos. Él vino al mundo para salvarnos de nosotros mismos.

Cuando era un niño explorador, me gané una insignia de salvamento. En realidad, nunca salvé a nadie. De hecho, a quienes salvé eran otros exploradores que no necesitaban que los salvaran. Durante nuestros entrenamientos me tocaba rescatar a otros aprendices como yo. Tomábamos turnos para salvarnos unos a otros. Sin embargo, como en realidad no nos estábamos ahogando, nos resistíamos al rescate.

«No me patees más y déjame rescatarte», le decía.

Es imposible salvar a quienes están tratando de salvarse a sí mismos.

Tal vez puedes salvarte de un corazón roto, de quedar en la ruina o de quedarte sin gasolina. Pero no eres lo suficientemente bueno como para salvarte del pecado. No eres lo suficientemente fuerte como para salvarte de la muerte. Necesitas un Salvador.

Y gracias a Belén tienes uno.

———❦———

Necesitas un Salvador. Y gracias a Belén tienes uno.

———❦———

Cuando le dices sí a él, él te dice sí a ti. Él transformará tu naturaleza pecaminosa en la naturaleza de él. Y eso es bueno saberlo, especialmente en medio del tráfico de los días festivos.

Si por casualidad estas palabras llegan hasta un par de muchachos insolentes que reconocen esta historia, a ustedes les dijo: «Lo siento. Sus acciones no fueron las correctas, pero mi reacción fue peor. Dios está trabajando en todos nosotros».

# 4

Esperanza para los días huecos

La Navidad es una temporada de interrupciones. Algunas las disfrutamos. Otras no.

Disfrutamos el interrumpir las dietas por los ponches de huevo, el trabajo por una fiesta con los compañeros de trabajo, y el pagar facturas por abrir tarjetas postales navideñas.

Sin embargo, podríamos prescindir de la tormenta de nieve en Chicago que deja en tierra el vuelo a Atlanta, y por consiguiente deja varados a los pasajeros en Albuquerque. Podríamos prescindir de la llamada a medianoche del primo Bert para decirnos que él, Mary Lou y sus hijos van a estar en la ciudad durante los días festivos. ¿Podrían estacionar su caravana Winnebago en la casa por «un máximo de diez días, te lo prometo»?

Interrupciones. Llegan con la Navidad. Llegan con la vida.

Justo cuando acabas de vender la cuna... ¡sorpresa! Otro bebé. Justo cuando estás listo para retirarte... ¡sorpresa! Otro pago de matrícula. Justo cuando pensabas que tus planes estaban ultimados... ¡sorpresa! Más despidos, cirugía, traslados o tratamientos.

Interrupciones. Pueden provocar miedo y ansiedad. Nos pueden robar el sueño y la alegría. Pueden provocar que cuestionemos a Dios, y hasta le volvamos la espalda.

Es posible que estés enfrentando una interrupción en esta temporada de tu vida. Lo que deseabas y lo que recibiste no coincide. Y ahora estás preocupado y ansioso, y hasta enojado. ¿Acaso esto te describe?

Ciertamente describía a nuestra familia la Navidad pasada.

Era el segundo fin de semana de la temporada de Adviento. Había pasado el día preparándome para predicar en un servicio del sábado en la noche. Cuando llegué a casa, ya era tarde en la noche. Denalyn me estaba esperando en la cocina. Por su expresión, podía decir que algo andaba mal.

«Max, Jenna está embarazada».

Su anuncio no hacía juego con su conducta. Denalyn debió estar agitando sus brazos y abrazándome. ¡Al fin abuelos! Pero no había confeti, solo preocupación. Sus ojos estaban llenos de lágrimas.

«Está en la sala de urgencias».

Salimos a toda prisa hacia el hospital.

Las decoraciones navideñas no les asientan bien a las salas de urgencias. Una guirnalda no hace que una máquina de rayos X luzca festiva. Las bombillitas rojas y verdes no emiten un resplandor feliz sobre una camilla. No importa la canción que se escuche en el interfono, los monitores pitan más alto que los cascabeles en el trineo. Una sala de urgencias sigue siendo una sala de urgencias. Aun en Navidad. Y nuestra hija estaba en la sala de urgencias.

Una enfermera nos llevó por el pasillo hasta una habitación. Jenna estaba en la cama. Ella intentó mostrarse estoica y tuvo éxito, como por diez segundos. Luego comenzó a llorar. Ella había querido sorprender a la familia. Quería hacer un gran alboroto con un embarazo en Navidad. Ella deseaba tener un bebé.

Hacia el final de la noche, sabíamos que no era muy probable.

A la mañana siguiente, el doctor nos aseguró que no ocurriría.

Ya había sido una temporada bastante difícil para Jenna y su esposo, Brett. El papá de Brett había fallecido un mes antes. La tristeza había teñido de gris su noviembre. Y ahora diciembre sería aún peor.

Jenna me dijo que su Navidad se sentía más como un hueco que una festividad.

Tal vez la tuya se sienta igual. Más lágrimas que hurras. Más repulsión que fiesta.

El ver niños felices es el recordatorio de una cuna vacía.

La ocupada agenda social de algunos solo acentúa lo desocupada que está la tuya.

Las imágenes de familias unidas refuerzan tu dolor por una familia separada.

Si esta temporada es difícil para ti, si esperas con más ansiedad el 26 de diciembre que el 25, entonces tengo una historia para que medites en ella. Es la historia de una jovencita.

A pesar de su gran esfuerzo por mantener una buena actitud, no era fácil. Estaba lejos de su hogar, a kilómetros de distancia de su familia y de su cama. Había pasado los últimos días en caminos atestados de gente, soportando el frío del invierno. El dinero escaseaba. Los amigos no estaban cerca. ¿Una cama tibia y una comida caliente? Las probabilidades eran escasas.

Pregúntale cuál era peor, el dolor en su corazón o el dolor en su espalda, y se habría visto en apuros tratando de decidir.

Su corazón añoraba a su familia. Se sentía distanciada de ellos. Bajo circunstancias normales, ellos se habrían sentido emocionados ante la noticia de su embarazo. ¿Pero embarazada antes de la boda? ¿Con una familia tan conservadora y su extraña explicación? ¿Y tenerle que decir al hombre con el que se iba a casar que llevaba en su vientre a un hijo que no era de él? Fue un milagro que aun así él se casara con ella. Y otro milagro era lo que ella necesitaba aquella noche.

Ella había imaginado un parto en su casa: mamá sosteniéndole una mano, una tía la otra; una partera, familiares cariñosos, José, y una multitud de vecinos esperando afuera. Quizás si todos pudieran experimentar juntos el nacimiento de su primogénito, entonces creerían su historia.

Al menos así es como me imagino que María se sintió. Desde luego, puedo estar equivocado. Tal vez el comedero y el establo fueron su idea. Pero no me parece. Todavía no he conocido a una mujer embarazada que sueñe con un establo como sala de parto y con un pesebre por cuna. Dudo que María lo hubiera hecho. Así que cuando José regresó del mesón y le preguntó si era alérgica a las ovejas, es un buen presentimiento decir que se sintió desilusionada. No era así como ella había planificado celebrar el nacimiento de Jesús.

José llevó el burro por el empinado camino que terminaba en la entrada de una cueva esculpida años antes por el viento y la lluvia, y que toda la vida había sido usada como establo. Ayudó a María a bajarse del lomo del burro. José miró el rostro de ella, fatigado y polvoriento por el camino. Se excusó por el austero alojamiento. Él le acarició la mejilla y sonrió, y entró en la gruta.

José encendió el fuego e hirvió agua. María despejó un lugar sobre la paja y comenzó la tarea de traer a Dios al mundo. Con vacas como testigos y José como su partera, hizo justo eso.

Momentos después, la mano del que colgó las estrellas apretó el dedo de María. Los pies del caminante del cielo tocaron la palma de la mano de José. Con razón los ángeles llenaron el cielo de adoración. Cualquier duda del amor del Padre desapareció la noche en que Dios fue envuelto en pañales de corral para que la paja no rasguñara su espalda.

———∞∞∞———

Cualquier duda del amor del Padre desapareció
la noche en que Dios fue envuelto en pañales de
corral para que la paja no rasguñara su espalda.

———∞∞∞———

En ese momento María supo que todo había valido la pena. El dolor de su espalda y el dolor en su corazón... se desvanecieron. Las preguntas de cómo, los cuestionamientos de cuándo... no perduraron. El mesón no tenía un lugar para su hijo; no importa. Él encontraría un lugar en el corazón de la gente. Ella y José estaban lejos de su casa la noche del nacimiento de Jesús; no importa. Jesús estaba aún más lejos de la suya. ¿No había una cama tibia donde Jesús pudiera dormir? No hay problema.

A pesar del caos, Cristo vino.

En medio de un embarazo escandaloso, un censo impuesto, un viaje inoportuno y un mesón abarrotado, Dios triunfó en la historia de María.

Y él triunfó en la genealogía de Mateo. No mencionamos con frecuencia el linaje de Jesús dentro del contexto de su nacimiento. Sin embargo, Mateo lo hizo. Él comienza su evangelio con una lista con docenas de nombres. Antes de presentarnos a los magos y a la estrella de Belén, él nos dice que «Abraham engendró a Isaac, Isaac a Jacob, y Jacob a Judá y a sus hermanos. Judá engendró de Tamar a Fares y a Zara, Fares a Esrom, y Esrom a Aram» (Mateo 1.2–3).

Y la lista sigue y sigue (y sigue) por dieciséis versículos. «Obed a Isaí. Isaí engendró al rey David, y el rey David engendró a Salomón» (vv. 5–6). *Bostezo.* ¡Saltemos a la historia de la natividad! ¿A quién le interesa conocer sobre Tamar, Rahab y Rut? ¿Por qué Mateo menciona a David y a Salomón, antes de mencionar a José y a María?

Mateo está dejando algo claro. El caos no puede mantener a Cristo fuera de este mundo. El Mesías no nació gracias a sus antepasados, sino a pesar de ellos. Tamar fue abandonada. Rut fue una inmigrante, y Rahab fue una ramera. David fue un adúltero. Salomón fue un donjuán. El árbol genealógico de Jesús es nudoso y está torcido. Algunos de los reyes fueron sanguinarios e impíos. Sin embargo, Dios había prometido que Jesús vendría, y Jesús vino. Y de ahí, la conclusión triunfante de la genealogía:

Jacob fue padre de José, el marido de María, y ella fue madre de Jesús, al que llamamos el Mesías. (v. 16 DHH)

¡Cristo vino!
A pesar del pecado y el escándalo, Cristo vino.
A pesar del racismo y el sexismo, Cristo vino.
Aunque el pueblo se olvidó de Dios, Cristo vino.
A pesar de, y a raíz de, el pandemónium, Cristo vino.

El embarazo sorpresa, el censo repentino, el largo viaje de Nazaret a Belén. Aunque desagradable y difícil, todo esto resultó en el milagro más grande del mundo. «Y [María] dio a luz a su hijo primogénito, y lo envolvió en pañales, y lo acostó en un pesebre, porque no había lugar para ellos en el mesón» (Lucas 2.7). Todo lo anterior ocurrió para que este momento ocurriera. ¿Fue la primera Navidad distinta a lo que María había planificado? Sí, pero resultó mucho mejor de lo que jamás ella hubiera soñado. Dios usó las dificultades para cumplir su voluntad.

¿Acaso no necesitas ese recordatorio? En tu mundo de noches cortas, arduo trabajo y mucho estrés, ¿no necesitas saber que Jesús mantiene todo en orden?

Es posible que te identifiques con el cacharro que vi una vez. El auto traqueteaba por toda la autopista, le faltaba una puerta, el capó estaba abollado y necesitaba pintura. En el parachoques, que colgaba de un hilo, tenía esta pegatina: «Toca la bocina si algo se cae».

«En él Dios creó todo lo que hay en el cielo y en la tierra, tanto lo visible como lo invisible [...] *Todo* fue creado por medio de él y para él. Cristo existe antes que todas las cosas, y por él se mantiene todo en orden» (Colosenses 1.16–17 DHH).

Dios mantiene todo en orden. Y él lo mantendrá en orden para ti.

Todo en tu interior y todas las voces a tu alrededor te dicen: «Vete. Enójate. Emborráchate. Drógate». Pero no escuches a esas voces. No puedes encarar una crisis a menos que primero encares a Dios.

---

No puedes encarar una crisis a menos
que primero encares a Dios.

---

No se preocupen por nada. Más bien, oren y pídanle a Dios todo lo que necesiten, y sean agradecidos. Así Dios les dará su paz, esa paz que la gente de este mundo no alcanza a comprender, pero que protege el corazón y el entendimiento de los que ya son de Cristo. (Filipenses 4.6–7 TLA)

Aférrate a él. En medio de la sala de emergencias, cuando tus sueños se están desmoronando, dile: «Señor, te necesito ahora». Entre las lápidas del cementerio, susurra: «Querido Jesús, levanta mi ánimo». Durante la deposición, cuando los demás están murmurando entre dientes, que te escuchen repetir esta oración: «Dios, tú eres bueno. Necesito... ayuda. Dame ánimo, por favor».

En el diario de oración del rey David, leemos esta pregunta: «Si fueren destruidos los fundamentos, ¿qué ha de hacer el justo?» (Salmos 11.3).

¿No nos preguntamos lo mismo que David? Cuando todo lo bueno se destruye, ¿qué pueden hacer las personas justas?

Cuando los terroristas atacan, cuando las enfermedades arrasan, cuando las familias colapsan, cuando las iglesias se dividen... cuando todo lo que es bueno se destruye, ¿qué pueden hacer las personas justas? ¿Cuál es la respuesta divina a los inesperados contratiempos y calamidades de la vida?

Curiosamente, David no contestó su pregunta con una respuesta. Él respondió con una declaración. «El Señor está en su santo templo. El Señor tiene su trono en el cielo» (v. 4 DHH).

Cuando todo tiembla, Dios sigue
siendo inquebrantable.

Su punto es inequívoco: cuando todo tiembla, Dios sigue siendo inquebrantable. Él está en su santo templo. Su plan no se descarrilará. A Dios no le afectan nuestras tormentas. Él no se deja intimidar por nuestros problemas.

¿Recuerdas la historia de José, el hijo de Jacob, en Egipto? Míralo en la prisión. Sus hermanos lo vendieron como esclavo, la esposa de Potifar difamó de él y lo denunció. Si alguna vez a alguien se le derrumbó el mundo, fue a José.

O considera a Moisés, cuidando de los rebaños en el desierto. ¿Esto era lo que pretendía hacer con su vida? Difícilmente. Su corazón latía con sangre judía. Su pasión era dirigir a los esclavos, así que, ¿por qué Dios lo tuvo cuidando ovejas?

¿Y Daniel? Era uno de los mejores y más brillantes jóvenes de Israel, el equivalente de un cadete de West Point o Ivy Leaguer. Pero él y toda su generación fueron enviados de Jerusalén al cautiverio babilónico. La ciudad fue destruida. El templo estaba en ruinas.

José en la cárcel. Moisés en el desierto. Daniel en cadenas. Estos fueron momentos oscuros. ¿Quién podría haber visto algo bueno en ellos? ¿Quién podría haber sabido que José el prisionero estaba a solo una promoción de convertirse en José el primer ministro? ¿Quién hubiera pensado que Dios le estaba dando a Moisés cuarenta años de entrenamiento en el mismo desierto en el que conduciría a la gente? ¿Y quién habría podido imaginar que Daniel, el cautivo, pronto sería Daniel el consejero del rey?

Dios ha hecho un negocio de convertir la tragedia en triunfo. Lo hizo con José, con Moisés, con Daniel, y, sobre todo, lo hizo con Jesús en la cruz. El inocente fue sacrificado. El regalo del cielo fue asesinado. Las madres lloraban, el mal bailaba y los apóstoles tenían que preguntarse: «Cuando los fundamentos son destruidos, ¿qué le queda al justo?».

Dios respondió a su pregunta con una declaración, con el estruendo de la tierra y el rodar de la roca. Él les recordó: «El Señor está en su santo templo. El Señor tiene su trono en el cielo».

¿Es tu Navidad difícil? Entonces anímate. Dios todavía está en su templo, aún en su trono, aún en control. Y todavía hace príncipes de presos, consejeros de cautivos, domingos de los viernes, y todavía trae belleza de los belenes.

Lo hizo entonces, para ellos. Y lo hace todavía, para ti y para mí.

# 5

## Nunca es demasiado tarde

El regalo está escondido en la gaveta de mis calcetines. Lo acomodé en la esquina derecha al fondo, entre los negros y los marrones. Denalyn abrirá la caja la mañana de Navidad. La sala se llenará con expresiones de oohs y aahs. Ella se abrochará la cadena alrededor de su cuello, y exhibirá el colgante y le sonreirá a su esposo. Una de nuestras hijas exclamará: «¡Es el regalo perfecto!». Otra preguntará: «Papá, ¿cómo supiste?».

Fue fácil. Entendí las indirectas. Cuando Denalyn comentó sobre lo que deseaba para Navidad, me llevé sus deseos a la casa y los escondí en la gaveta de mis calcetines. Recibiré muchos elogios. ¿Pero la verdad? Denalyn lo hizo todo, excepto comprar su regalo.

Ella me escoltó hasta la joyería del centro comercial y le pidió a la dependiente que sacara el colgante del mostrador de cristal. Sostuvo la cadena contra su cuello y examinó el medallón en el espejo sobre el mostrador. Luego me habló, al ritmo que usarías si estuvieras hablando con alguien que no habla español. «Max... me... gusta... este...».

La mujer detrás del mostrador se unió. «Me parece que a su esposa le gusta este collar, producto número 251, por si acaso lo necesita».

«Max, ¿estás escuchando?».

No lo hacía. Estaba mirando el tráfico peatonal afuera, fijándome en toda la gente que vestía su jersey de fútbol, lo que me recordó el importante partido del domingo, un partido que los Dallas Cowboys tenían que ganar si querían avanzar a las finales. Ese pensamiento generó un repaso mental de mi calendario. *¿Voy a estar en casa el día del partido? ¿Tenemos cosas para picar? Me encantaría comer patatas fritas con salsa barbacoa mientras veo el partido. De hecho, me comería algunas ahora mismo. ¿Alguien las vende en este centro comercial?*

«Max». La voz venía de un lugar distante.

«Max». Sonaba familiar.

«¡Max!». Fue entonces que recordé dónde estaba. (Nunca conseguí las patatas).

Me volteé. Denalyn me estaba mirando. La dependiente me estaba mirando. Tuve la sensación de que todas las mujeres alrededor me estaban mirando. Las indirectas comenzaron a caer como nieve en un invierno en Winnipeg.

**Denalyn a mí:** «El mes que viene es Navidad, Max».

**Dependiente:** «Puede recogerlo cuando usted quiera, Sr. Lucado».

**Denalyn a la dependiente:** «¿Me puedes repetir el número del producto?».

**Dependiente a Denalyn:** «Número 251».

**Denalyn a mí:** «Déjame escribirlo por si acaso alguien con quien estoy casada necesita ayuda con su lista de compras».

**Dependiente a mí:** «Estamos abiertos hasta las 9:00 p.m.».

**Denalyn a mí:** «Están abiertos hasta las 9:00 p.m.».

Yo simplemente asentí y sonreí. A decir verdad, necesito todos los empujoncitos que puedan darme. ¡Si todas las decisiones en la vida fueran así de fáciles! Todo lo que hice fue prestar atención.

¡Ah, si tan solo pudiera decirse lo mismo sobre el mesonero! Él podría haber presenciado el nacimiento de Jesús. Todo lo que necesitaba era hacer espacio para la pareja de Nazaret. Pero no lo hizo. Y debido a que no lo hizo, en la Biblia aparecen estas tristes líneas:

> Y aconteció que estando ellos allí, se cumplieron los días de su alumbramiento. Y dio a luz a su hijo primogénito, y lo envolvió en pañales, y lo acostó en un pesebre, porque no había lugar para ellos en el mesón. (Lucas 2.6–7)

Hay mucho que se quedó sin decir en este pasaje. No sabemos nada sobre el mesonero ni el mesón ni la hora del día. Lo que sí sabemos es esto: él no los invitó a entrar. No había habitaciones disponibles. El censo transformó a una Belén adormecida en una ciudad próspera. El mesonero llenó cada habitación y clóset. Acomodó a alguien en cada cama; un huésped en cada catre. Llenó los pasillos con colchonetas y camas plegables. El lugar estaba abarrotado de gente.

Sin embargo, ¿de verdad que no pudo haber encontrado un espacio más? María estaba en su tercer trimestre de embarazo. ¿No buscarías tú una cama para una mujer embarazada? Seguro que sí. Lo que me hace preguntar, ¿acaso hubo otra razón para que no dejaran entrar a los padres de Jesús?

Tal vez ellos llamaron a la puerta a la medianoche. La última vela había sido apagada, el último plato lavado. El único ruido eran las ascuas chisporroteando en la chimenea y los ronquidos de los huéspedes dormidos. El mesonero abrió la puerta en su camisón de dormir. A través de una abertura de quince centímetros, miró a la oscuridad y le dijo a José: «Es demasiado tarde. Ya todo el mundo está acostado. Más temprano tal vez hubiera habido espacio. Más temprano podría haberles hecho espacio. ¿Pero a esta hora? Lo lamento».

Además, el embarazo de María podría ser problemático. ¿Qué tal si gritaba durante el parto y despertaba a los otros huéspedes? ¿Y el bebé? Los bebés pueden ser ruidosos e inquietos. Esto era un hotel, no una sala de maternidad.

Tal vez era demasiado tarde en la noche.

O la pareja era demasiado común y corriente.

Eran simples aldeanos. La plebe. Si María y José hubieran sido la reina María y el rey José, el mesonero habría respondido de manera diferente. Si hubieran llegado con camellos y sirvientes en lugar de una poca de vestimenta y un asno cansado —si hubieran sido fuera de lo común— la respuesta del mesonero tal vez habría sido fuera de lo común. Pero no sonó ninguna trompeta. Ningún heraldo proclamó. Ningún mensajero anunció su llegada. Simplemente llamaron a la puerta.

Una llamada a la puerta...

por una pareja común y corriente...

tarde en la noche...

cuando el mesón estaba lleno.

---

Por lo tanto, el mesonero perdió la oportunidad. Y muchos todavía lo hacen.

---

Por lo tanto, el mesonero perdió la oportunidad.

Y muchos todavía lo hacen. Pierden la oportunidad de abrir la puerta. Dejan que el nacimiento de Jesús les pase de largo. El milagro de Belén todavía ocurre. Dios entra en las aldeas de nuestras vidas y nos habla. Él nos habla a través de versículos bíblicos, atardeceres, la bondad de un amigo o la advertencia de un informe médico. Él nos canta por medio de villancicos navideños. Él nos llama a través de sermones navideños. Intenta alcanzarnos a través de la historia de la Navidad.

«¡Mira!», Jesús invita. «Yo estoy a la puerta y llamo. Si oyes mi voz y abres la puerta, yo entraré y cenaremos juntos como amigos» (Apocalipsis 3.20 NTV).

Tengo un amigo que trabaja con iglesias en Papua Nueva Guinea. En esa cultura, muchos no llaman a la puerta. Ellos se paran frente a la puerta y tosen cortésmente para anunciar su presencia. Cuando los traductores bíblicos trataron de explicar la idea de Jesús llamando a la puerta, no tuvo ningún sentido para los residentes locales. Los misioneros resolvieron el problema intercultural traduciendo el versículo: «Yo estoy a la puerta y toso».

Ya sea que Jesús esté aclarando su garganta o tocando a la puerta, el asunto es el mismo. Él es cortés y educado. Él nunca entra a la fuerza. Sin embargo, justo cuando nos disponemos a abrir la puerta, el bebé llora, el teléfono suena, el cronómetro de la cocina se dispara o el calendario automático emite un pito que nos recuerda que tenemos que estudiar para el examen, llamar al doctor, lavar la ropa o cortar el césped.

La vida es un ajetreo. Tu vida es un ajetreo. El cielo sabe que ya tienes más de lo que puedes hacer. Y porque el cielo lo sabe, Jesús no viene con una lista de cosas para que hagas, sino con una lista de cosas que él ya ha hecho y que hará. ¿Tu muerte? Derrotada. ¿Tus pecados? Perdonados. ¿Tus temores? Él te dará valor. ¿Tus preguntas? Él te guiará.

———— ⊗ ————

Jesús no viene con una lista de cosas para
que hagas, sino con una lista de cosas
que él ya ha hecho y que hará. Jesús
levanta las cargas; él no añade a ellas.

———— ⊗ ————

Jesús levanta las cargas; él no añade a ellas.

«Pero es demasiado tarde», tal vez digas. No, no lo es. Nunca es demasiado tarde para Cristo.

No eres demasiado viejo, ni estás tan estropeado, ni tan agotado. Elías estaba deprimido. Aun así, Dios vino a él. Abraham era viejo. Aun así, Dios lo dirigió. Moisés estaba jubilado hacía mucho tiempo. Aun así, Dios lo llamó. Jonás estaba huyendo. Aun así, Dios lo usó. Jacob engañó a su familia. Aun así, Dios tuvo un lugar para él. Pedro traicionó a Cristo, Saulo persiguió a Cristo, Tomás dudó de Cristo; sin embargo, todos descubrieron que no era demasiado tarde para Cristo.

Hace unos días me pidieron que visitara a un moribundo, un sinvergüenza de ochenta años. Sí, ¡un sinvergüenza! Pasó la última década de su vida con tiempo en sus manos, dinero a su disposición y mujeres en su mente. Sus hazañas habrían hecho sonrojar a Hugh Hefner. Pero cuando su salud comenzó a deteriorarse, su conciencia comenzó a agitarse. Cuando el doctor le dijo que pusiera sus asuntos en orden, me llamó. Él quería arreglar sus cuentas con Dios. Así que hizo una confesión de fe en su lecho de muerte.

¿Me permites hacer una confesión personal? Salí de la habitación del hospital con tremendo ceño de disgusto. *Eso es demasiado fácil*, pensé. *Un tipo como ese merece que lo pasen primero por el purgatorio antes de llegar al paraíso.*

Sin embargo, Dios no me pidió que tamizara a los aspirantes, solo que les enseñara. Y según la extraordinaria gracia de Dios, si la confesión de mi amigo sinvergüenza fue sincera, él está caminando por las mismas calles celestiales que Pablo, Pedro y el rey David. Cada uno un sinvergüenza por mérito propio.

---

Nunca es demasiado tarde para venir
a Cristo en busca de ayuda.

---

Nunca es demasiado tarde para venir a Cristo en busca de ayuda. Tu montón de pecados nunca es demasiado alto. Tu lista de fracasos nunca es demasiado extensa. ¿Esa llamada a la puerta de tu corazón? Es Jesús.

Una cosa es perder un mensaje de tu cónyuge, ¿pero perder un mensaje de parte de Dios? Ese es un error que no quieres cometer.

Todo lo que tienes que hacer es abrir la puerta.

# 6

La adoración hace
maravillas

Queridas damas,

Sabemos que tienen buena intención. Reconocemos que ustedes piensan que saben lo que es mejor. Pero, ¡basta ya! Hemos sufrido en silencio por demasiado tiempo. Después de haber compartido nuestro dolor unos con otros, por la presente, nosotros, los esposos, salimos de las sombras y abrimos nuestros corazones. Este año, cuando compren nuestros regalos de Navidad, por favor, no nos compren lo que necesitamos.

Sabemos que tenemos que oler mejor y lucir mejor. Sabemos que a ustedes les gusta vernos con pijamas cómodos y ropa interior nueva. Pero no sabemos qué decir cuando abrimos esos regalos. ¿Cómo puedes fingir entusiasmo cuando ves unas pantuflas para estar en casa? ¿Cómo puedes lucir feliz ante una máquina para recortarte los pelos de la nariz? Ya hemos mentido lo suficiente. Entonces, en aras de conservar la integridad en la mañana de Navidad, les ofrecemos esta orientación. Mientras miran cualquier regalo potencial, háganse las siguientes preguntas: ¿puede él jugar con esto? ¿Lo puede balancear, rebotar, barajar, lanzar o rodar? ¿Tiene un gatillo, empuñadura, cordón para abrirlo o palanca de cambios? ¿Consume aceite o comida para perros?

¿Tiene una pantalla grande y un control remoto? Si es así, cómprenlo. No importa si ya tiene uno. Este no es momento para ser prácticos.

Cuando estén considerando alguna prenda de vestir, pregúntense: ¿es marrón y verde y resistente a la lluvia? No hay manera de perder con una prenda como esa. Como entendemos que muchas mujeres prefieren hacer sus compras en cualquier departamento menos en el de las armas de fuego, les ofrecemos estas dos preguntas: ¿lo hace lucir adorable? ¿Lo hace lucir como todo un galán? Si la ropa lo hace lucir adorable, suéltenla de inmediato. Si lo hace lucir como todo un galán, cómprenle dos.

Si todo lo demás falla, pregúntense: ¿se lo puede comer? Noten que la pregunta no es: ¿se lo comería?, ni ¿se lo comerían otros seres humanos?, ni ¿puede comérselo? No se distraigan con trivialidades. La pregunta es: ¿se lo puede comer? Cada vez que la respuesta sea sí, consideren que están en terreno seguro.

Para concluir, les extendemos esta oferta. Si nos compran lo que queremos, haremos lo mismo por ustedes. Sin revelarles muchos detalles, les diremos lo siguiente: una importante compañía de aspiradoras nos ha ofrecido un descuento colectivo. (¡Y pensaban que éramos insensibles!).

No necesitan darnos las gracias,
Sus esposos

*L*a Navidad y el hacer regalos. Los dos siempre han estado asociados por una buena razón. Los magos presentaron a Jesús los regalos de oro, incienso y mirra. Los pastores le hicieron a Jesús el regalo de su tiempo y su fe. María le hizo a Jesús el regalo de su vientre. Los regalos parecen prácticos. Los tesoros de los magos podían usarse para costear la huida de la familia a Egipto. La visita de los pastores mantendría la compañía familiar. El vientre de María protegería al bebé en gestación. Pero hay un regalo que puede parecer un poco curioso.

El regalo de adoración de los ángeles.

De repente apareció una multitud de ángeles del cielo, que alababan a Dios y decían:

«Gloria a Dios en las alturas, y en la tierra paz a los que gozan de su buena voluntad».

Cuando los ángeles se fueron al cielo, los pastores se dijeron unos a otros: «Vamos a Belén, a ver esto que ha pasado y que el Señor nos ha dado a conocer». (Lucas 2.13–15 NVI)

Los ángeles llenaron la noche con luz y el aire con música, y, bueno, eso es todo. Ellos adoraron. ¿Acaso podrían haber hecho algo más útil? María habría podido usar una cama. José se habría beneficiado de una escolta angelical de vuelta a Nazaret. El niñito Jesús necesitaba un moisés.

Ellos eran ángeles. ¿Era esta su mejor idea?

Aunque pensándolo bien, ellos eran ángeles. ¿Quién conocía a Jesús mejor que ellos? Los que conocían más a Jesús lo amaron profundamente. Los que lo habían seguido durante más tiempo le hicieron el regalo de adoración. Colocaron su amor sobre una almohada de alabanza y se la presentaron a Jesús. Lo hicieron aquella noche. Y todavía lo hacen. Justo en este momento el cielo resuena con una adoración fuerte y colectiva. «Día tras día y noche tras noche repiten continuamente: "Santo, santo, santo"» (Apocalipsis 4.8 NTV).

De hecho, la palabra *adoración* [en inglés, *worship*] derivó de la antigua palabra en inglés *weorthscipe,* que significa ser digno de honor y respeto. «Adorar, entonces, es atribuir valor a alguien o a algo».[1]

La adoración ocurre en cualquier momento que vuelves tu corazón hacia el cielo y dices: «Tú eres digno». Cuando despejas tu calendario para orar, cambias la estación radial para escuchar música de alabanza, o usas tu salida a trotar por la mañana para recitar versículos bíblicos o tu receso de almuerzo para meditar, eso es adoración.

La adoración ocurre en vecindarios, en salas de estar, al aire libre. Y, sí, la adoración ocurre también en las iglesias. Cuando el pueblo de Dios hace una declaración pública y plural de la bondad de Dios, eso es adoración.

Dios está al acecho de gente que imite a los ángeles, de personas que abran su corazón y su boca y declaren: «Gloria a Dios en las alturas». «El Padre busca personas que lo adoren de esa manera» (Juan 4.23 NTV).

Tal vez te estás preguntando: pero, *¿y qué si yo no adoro?*

Ah, pero es que lo harás. La pregunta no es: ¿adorarás o no? La pregunta es: ¿adónde dirigirás tu adoración? Todos adoramos a alguien o a algo. En un tiempo, ¡adoré a una bicicleta!

Cuando tenía ocho años les pedí a mis padres que me regalaran una bicicleta para Navidad. Y no una bicicleta cualquiera, sino una Schwinn color camión de bomberos con un sillín en forma de banana y manubrios altos. ¡Y lo hicieron! Regodeándose bajo la luz del árbol de Navidad, me hizo señas para que me subiera en ella y nos alejáramos hacia la felicidad de la niñez.

Decoré los manubrios con borlas y compré un reflector para el guardafangos. Coloqué una baraja en el cuadro para que sonara *clic, clic, clic* al rozar los rayos de la rueda. Estaba en la onda. Al nivel del estilo James Dean. Mi bicicleta y yo exploramos vecindarios, cunetas y caminos de tierra. Yo amaba a mi bicicleta. Yo *adoraba* a mi bicicleta.

Pero entonces la choqué. Me estrellé contra el encintado de la acera y doblé el cuadro. Mi papá y yo intentamos repararla, pero la bicicleta nunca volvió a ser la misma. Me defraudó. Esperaba que ella me cargara, me llevara, me entretuviera, me llenara. Pero no lo hizo.

¿Y qué me dices de ti? Estabas esperando que esa carrera te cargara, te llevara, te entretuviera y te llenara. Pero no lo ha hecho.

Estabas esperando que ese matrimonio te cargara, te llevara, te entretuviera y te llenara. Pero no lo hizo.

Estabas esperando que esa jubilación te cargara, te llevara, te entretuviera y te llenara. Pero no lo ha hecho.

Estabas esperando que esa educación te cargara, te llevara, te entretuviera y te llenara. Pero no lo hizo.

Estabas esperando que tu cuerpo te cargara, te llevara, te entretuviera y te llenara. Pero no lo ha hecho.

*Adoración* tal vez no es la palabra que usarías para describir tu pasión; sin embargo, el término se ajusta. Siempre que confiamos en un objeto o actividad para que nos dé vida y sentido, lo adoramos.

---

> Cuando convertimos las cosas buenas en cosas esenciales, nos tendemos una trampa para terminar desilusionados.

---

Cuando convertimos las cosas buenas en cosas esenciales, nos tendemos una trampa para terminar desilusionados. Si dependemos de que una carrera o relación le dé significado a nuestra vida, ¿qué ocurre cuando llega la jubilación o la relación termina? La lista de dioses impostores incluye sexo, comida, dinero, alcohol, éxito e influencia. En la dosis y el contexto correctos, todos pueden ser regalos maravillosos de parte de Dios. Sin embargo, son sustitutos malísimos para Dios. Adorarlos es sentirse satisfecho, y luego destrozado. Encaprichado, y luego desalentado. Cautivado, y luego enojado.

La adoración centrada en Dios nos rescata de embaucadores, dioses *trompe l'oeil* que nunca cumplen sus promesas. La adoración le hace al alma lo que la lluvia de primavera le hace a un terreno sediento. Lo empapa, lo penetra y provoca vida. ¿Estás estresado? Adora a Dios, quien puede guardar el universo en su bolsillo y los océanos en un gotero. ¿Estás avergonzado? Adora a Jesús, cuyo amor nunca se apaga. ¿Estás afligido? Ábrele tu corazón a tu Pastor. Él te guiará a través del valle de la tristeza. ¿Te sientes insignificante? Unos pocos minutos ante el trono de tu amoroso Rey evaporarán cualquier sentido de insignificancia. La adoración hace maravillas.

———— ❧ ————

Por tu propio bien, haz lo que
hicieron los ángeles: arma tremenda
algarabía por la llegada del Rey.

———— ❧ ————

Por tu propio bien, haz lo que hicieron los ángeles: arma tremenda algarabía por la llegada del Rey.

*Adora verbalmente.* «Así que ofrezcamos continuamente a Dios, por medio de Jesucristo, un sacrificio de alabanza, es decir, el fruto de los labios que confiesan su nombre» (Hebreos 13.15 NVI).

A principios de los ochenta había una canción country muy popular titulada «Always on My Mind».[2] El cantante le dice a su amada que a pesar de que rara vez le había expresado sus sentimientos por medio de palabras o acciones, ella siempre estaba en su mente. No sé dónde el compositor de esa letra aprendió el secreto del romance, pero sin duda no le consultó a una mujer. Ninguna mujer amada aceptaría esa excusa. «¿Nunca me lo dijiste, nunca me regalaste flores ni palabras tiernas ni elogios, pero siempre estuve en tu mente? ¡Sí, claro!».

Dios tampoco se lo cree. Él quiere escuchar nuestro afecto. Es de la abundancia de nuestro corazón que habla nuestra boca,[3] y cuando nuestra boca está callada, hay que cuestionar al corazón. ¿Amas a Dios? Déjaselo saber. ¡Díselo! En voz alta. En público. Sin avergonzarte. ¡Que haya júbilo, celebración y fiesta! «¡Griten alegres alabanzas a Dios!» (Salmos 47.1 NTV). «Aclamad a Dios con alegría, toda la tierra» (Salmos 66.1).

John Wesley escribió: «Canta enérgicamente y con buen ánimo. Cuídate de no cantar como si estuvieras medio muerto o medio dormido; sino que alza tu voz con fuerza. No temas más a tu voz ahora, ni te avergüences más de ser escuchado, que cuando cantabas las canciones de Satanás».[4]

Y hablando de Satanás, él no puede tolerar la adoración Cristocéntrica. A diferencia de Dios, él no es omnisciente. Satanás no puede leer tu mente. Él no actúa por lo que piensas, sino solo por lo que dices. ¡Entonces dilo! «Háganle frente al diablo, y él huirá de ustedes. Háganse amigos de Dios, y él se hará amigo de ustedes» (Santiago 4.7–8 TLA). ¿Quieres que tu ciudad sea libre del control de Satanás? ¡Adora! ¿Queremos que las naciones sean lugares de paz y prosperidad? Entonces, que la iglesia ataque las fortalezas de Satanás con adoración repleta de gozo. Adora verbalmente. Y...

*Adora en comunidad.* «Y repentinamente apareció [...] una *multitud* de las huestes celestiales, que alababan a Dios» (Lucas 2.13, énfasis del autor). La presencia de Cristo merece un coro enorme. Cada generación tiene su propia ración de cristianos «Jesús, sí; iglesia, no». Por razones distintas no asisten a la iglesia. Y, al hacerlo, son ellos los que pierden. Algo ocurre en la adoración colectiva que no ocurre en la adoración privada. Cuando tú ves mi rostro en el santuario y yo escucho tu voz en el coro, somos edificados mutuamente. De acuerdo, la adoración congregacional es imperfecta. Con frecuencia cantamos fuera de tono. Nuestra atención tiende a divagar. El predicador confunde la letra y la organista pierde su señal para comenzar. Aun así, déjanos adorar. La sinceridad de nuestra adoración importa más que la calidad. «Busquemos la manera de ayudarnos unos a otros a tener más amor y a hacer el bien. No dejemos de asistir a nuestras reuniones, como hacen algunos, sino animémonos unos a otros; y tanto más cuanto que vemos que el día del Señor se acerca» (Hebreos 10.24–25 DHH).

*Adora manifiestamente*. Deja que tu cuerpo exprese lo que tu corazón está sintiendo. Y deja que tu corazón sea despertado por tu cuerpo. «Acepta [...] mis manos levantadas, como una ofrenda vespertina» (Salmos 141.2 NTV). «Porque mejor es tu misericordia que la vida; mis labios te alabarán. Así te bendeciré en mi vida; en tu nombre alzaré mis manos» (Salmos 63.3–4).

Sí, las expresiones de adoración externas pueden usarse de manera inapropiada. Hay gente que se luce. Algunos presumen. Adoran para que los vean. Sin embargo, no permitas que este posible abuso impida el uso apropiado. Alza tus manos, aplaude, dobla tus rodillas, inclina tu rostro, póstrate en el suelo.

Algo poderoso ocurre cuando adoramos.

Algo poderoso ocurrió el día que lo hicieron los soldados. Era la Nochebuena del año 1915, cerca del pueblo de Laventie en el norte de Francia. La Primera Guerra Mundial rugía con furor. Las bombas sacudían el terreno en Europa. Las gélidas temperaturas sacudían los huesos de los soldados. Los alemanes estaban atrincherados en un lado y los Reales Fusileros de Gales en el otro. La mayoría de los soldados habían dejado de ser niños apenas unos años antes. Eran jóvenes, extrañaban a sus familias y anhelaban estar cerca de sus seres amados. Llevaban meses disparando sus armas implacablemente. La Navidad parecía estar muy lejos de esta tierra bañada en sangre.

En cierto momento, del lado alemán del campo de batalla comenzó a escucharse un coro de voces cantando en alemán un himno de Navidad galés.

Duerme mi hijo y que te cubra la paz,
durante toda la noche.
Ángeles guardianes Dios te enviará,
durante toda la noche.
Llegan las horas de sueño sigilosamente,
el valle y el monte ya duermen,
y yo mantengo mi amorosa vigilia
durante toda la noche.[5]

Los soldados en ambos lados bajaron sus armas. Por un momento, en aquel momento, no había guerra; no había enemigos; solo existía la canción. Lo que ocurrió después solo puede describirse como un milagro. Todos pasaron la noche cantando villancicos. Cerca del amanecer, los sentimientos de buena voluntad animaron a los soldados a salir de sus trincheras y saludar a sus enemigos. Y saludándose «hola, Tommy» y «hola, Fritz», se dieron las manos en aquella tierra de nadie e intercambiaron regalos. Cerveza alemana, salchichas y cascos de un lado. Carne en conserva enlatada, panecillos y botones para guerreras del otro.

Luego, para colmo, comenzaron a jugar. Algo parecido al balompié. Un tanto incoherente y desorganizado, y tal vez con hasta cincuenta jugadores en cada equipo. Sin embargo, por una media hora o algo así, el campo de batalla se transformó en un campo de fútbol, y los enemigos disfrutaron de un tiempo juntos.[6]

Y todo comenzó con adoración.

Solo podemos orar para que ocurra otra vez un armisticio. Que los guerreros se conviertan en adoradores. Que bajemos nuestras armas de orgullo y venganza, y unamos nuestros corazones para dar gracias a Aquel que vino a traer paz en la tierra y buena voluntad para todos.

Algún día llegará la paz. El conflicto cederá el paso a un coro eterno. Hasta entonces, podemos practicar.

———— ✕✕✕ ————

Hazle a Jesús el mismo regalo que le hicieron
los ángeles: el regalo de la adoración.

———— ✕✕✕ ————

Hazle a Jesús el mismo regalo que le hicieron los ángeles: el regalo de la adoración. Ponte el manto de la gracia, elévate sobre las alas de la fe, ocupa tu lugar en el coro celestial y canta: «Gloria a Dios en las alturas».

# 7

Dios guía a los magos

El tiempo de Navidad es tiempo de carretera. Desde que los magos empacaron sus maletas para ir a Belén, el nacimiento de Jesús ha provocado que la gente salga de viaje. Nuestros viajes navideños se parecen mucho al que hicieron los magos. No acampamos con camellos, pero nos hemos dado a conocer por tropezar con la rodilla huesuda de algún pariente político de camino al baño. No prestamos atención a la luz de las estrellas, ¿pero a las luces intermitentes de la patrulla de carreteras? Esas las vigilamos en cada esquina. No nos movemos en una caravana, pero seis horas en una minivan con cuatro hijos podrían haber provocado que los magos dieran gracias por los animales.

No todo es alegría en la autopista. Demasiado tiempo en un automóvil revela las fragilidades humanas.

Los papás se niegan a detenerse. Ellos evocan los ejemplos de sus antepasados. ¿Acaso los pioneros pasaron la noche en un hotel Holiday Inn? ¿O Lewis y Clark pidieron direcciones? ¿Crees que José le permitió a María que se paseara en una tienda de *souvenirs* durante el viaje a Belén? De ninguna manera. Los hombres manejan como si tuvieran el mandamiento bíblico de viajar lejos y rápido, deteniéndose solo para echar gasolina.

¿Y los chicos? Los viajes por carretera les hacen a los niños lo que la luna llena le hace al hombre lobo. Si uno de ellos dice: «Me gusta esa canción», podrías esperar que el otro dijera: «A mí también». ¡Eso no va a pasar! En lugar de esto, el otro dirá: «Esa canción apesta, igual que tus pies».

También está el asunto de la AVJ: actividad de vejiga juvenil. Un muchacho se puede pasar semanas sin ir al baño en la casa. Pero una vez que sales de viaje, comienza a filtrar más que un secreto en Washington. En un viaje hasta Colorado mis hijas visitaron todos los inodoros en Nuevo México.

El mejor consejo para viajar con niños pequeños es que le des gracias a Dios porque no son adolescentes. Los adolescentes se avergüenzan de lo que sus padres dicen, piensan, visten, comen y cantan. Así que, por el bien de ellos (y si quieres algún día ver a tus futuros nietos), no te rías con los camareros, no respires y no cantes con el cristal abajo ni arriba.

Lo más sabio es posponer cualquier viaje con niños hasta que tengan una edad más razonable... como cuarenta y dos.

Navidad y viajes. La primera tiene una manera especial de incitar lo segundo, y ha sido así desde que la delegación de una tierra lejana llegó buscando a Jesús.

Cuando Jesús nació en Belén de Judea en días del rey Herodes, vinieron del oriente a Jerusalén unos magos, diciendo: ¿Dónde está el rey de los judíos, que ha nacido? (Mateo 2.1–2)

A Mateo le encantaban los magos. Le dedicó a su historia más centímetros cuadrados de texto que los que dedicó a la narración del nacimiento de Jesús. Él nunca menciona a los pastores ni al pesebre, pero no quiere que pasemos por alto a la estrella ni a los buscadores. Es fácil ver el porqué. La historia de ellos es la historia de nosotros. Todos somos viajeros, todos residentes temporales. A fin de encontrar a Jesús, cada uno de nosotros necesita dirección. Dios la da. La historia de los magos nos muestra cómo.

———⟨∞⟩———

A fin de encontrar a Jesús, cada uno de nosotros necesita dirección. Dios la da.

———⟨∞⟩———

«Porque su estrella hemos visto en el oriente, y venimos a adorarle». (v. 2)

Dios usa el mundo natural para llamar nuestra atención. La tierra y las estrellas formaron la primera sociedad misionera. «Los cielos cuentan la gloria de Dios» (Salmos 19.1). Y Pablo escribió: «Lo que se conoce acerca de Dios es evidente dentro de ellos, pues Dios se lo hizo evidente. Porque desde la creación del mundo, sus atributos invisibles, su eterno poder y divinidad, se han visto con toda claridad, siendo entendidos por medio de lo creado» (Romanos 1.19–20 LBLA).

Dios dirigió a los magos hasta Jerusalén con una estrella. Pero para llevarlos a Jesús, él usó otra cosa:

Cuando el rey Herodes oyó eso, se perturbó profundamente igual que todos en Jerusalén. Mandó llamar a los principales sacerdotes y maestros de la ley religiosa y les preguntó:

—¿Dónde se supone que nacerá el Mesías?

—En Belén de Judea —le dijeron— porque eso es lo que escribió el profeta:

«Y tú, oh Belén, en la tierra de Judá,
     no eres la menor entre las ciudades reinantes de Judá,
porque de ti saldrá un gobernante
     que será el pastor de mi pueblo Israel».
(Mateo 2.3–6 NTV)

La señal de la estrella fue suficiente para dirigir a los magos hasta Belén. Pero fueron necesarias las Escrituras para llevarlos hasta Jesús.

La gente ve señales de Dios todos los días. Atardeceres que nos dejan sin aliento. Recién nacidos que nos hacen llorar. Gansos migratorios que nos hacen sonreír. Sin embargo, ¿crees que todos los que ven estas señales se acercan a Dios? No. Muchos se sienten contentos solo con ver las señales. No se dan cuenta de que las riquezas de Dios tienen la intención de que nos volvamos a él. «¿No ves que la bondad de Dios es para guiarte a que te arrepientas y abandones tu pecado?» (Romanos 2.4 NTV).

Sin embargo, los magos entendieron el propósito de la señal.

Ellos la siguieron hasta Jerusalén, donde escucharon sobre las Escrituras. La profecía les dijo dónde encontrar a Cristo. Es interesante notar que la estrella reapareció *después* que ellos supieron acerca de la profecía. La estrella «se detuvo *sobre* donde estaba el niño» (Mateo 2.9, énfasis del autor).[1] Es como si la señal y la palabra hubieran trabajado juntas para traer a los magos hasta Jesús. La meta principal de todos los mensajes de Dios, los milagrosos y los escritos, es hacer brillar la luz del cielo sobre Jesús.

—◦◦◦—

La meta principal de todos los mensajes de Dios, los milagrosos y los escritos, es hacer brillar la luz del cielo sobre Jesús.

—◦◦◦—

Y al entrar en la casa, vieron al niño con su madre María, y postrándose, lo adoraron; y abriendo sus tesoros, le ofrecieron presentes: oro, incienso y mirra. (v. 11)

He aquí a los primeros adoradores cristianos. La morada sencilla se convirtió en catedral. Los que buscaban a Cristo lo encontraron y se postraron en su presencia. Le ofrecieron regalos: oro para un rey, incienso para un sacerdote y mirra para su entierro.

Ellos encontraron al Cristo porque prestaron atención a la señal y creyeron la Escritura.

Evidentemente ausentes en el pesebre estuvieron los especialistas de la Torá. Ellos le informaron a Herodes que el Mesías nacería en Belén. ¿Acaso no leyeron la profecía? Sí, pero no respondieron a ella. Pensarías que por lo menos acompañarían a los magos hasta Belén. La aldea estaba lo suficientemente cerca. El riesgo era lo suficientemente pequeño. En el peor de los casos, harían el esfuerzo. En el mejor, verían el cumplimiento de la profecía. Sin embargo, los sacerdotes no mostraron ningún interés.

Los magos se ganaron su apelativo porque sí lo hicieron. Sus corazones estuvieron abiertos al regalo de Dios. Estos hombres nunca volvieron a ser los mismos. Después de adorar al

Niño Dios, «regresaron a su tierra por otro camino» (v. 12). Mateo usa la palabra *camino* en otros lugares para sugerir una dirección de vida. Él habla sobre el camino angosto (7.13–14) y el «camino de justicia» (21.32). Tal vez nos esté diciendo que los magos regresaron a sus hogares siendo hombres diferentes.

Llamados por una señal. Instruidos por las Escrituras. Y dirigidos a su hogar por Dios.

Es como si todas las fuerzas del cielo hubieran cooperado para guiar a los magos.

Dios usa cualquier forma disponible para comunicarse contigo. Las maravillas de la naturaleza te llaman. Las promesas y las profecías de la Biblia te hablan. Dios mismo trata de alcanzarte. Él quiere ayudarte a encontrar tu camino a casa.

Hace muchos años, vi la adaptación para televisión del drama *The Miracle Worker*, la fascinante historia de dos mujeres con una gran determinación: Helen Keller y Anne Sullivan. Helen nació en el año 1880. Todavía no había cumplido los dos años cuando contrajo una enfermedad que la dejó ciega, sorda y muda. Cuando Helen tenía siete años, Annie, una joven maestra parcialmente ciega, llegó a la casa de los Keller en Alabama para servir como maestra de Helen.

James, el hermano de Helen, intentó convencer a Annie para que renunciara. La maestra ni siquiera lo consideró. Ella había decidido ayudar a Helen a funcionar en un mundo de vista y sonido. Helen era tan obstinada como su maestra. Encerrada en un mundo aterrador y solitario, Helen malinterpretó los esfuerzos de Annie. El resultado fue una guerra de voluntades. Una y otra vez, Annie presionaba el lenguaje por señas en la palma de la mano de Helen. Helen retiraba su mano. Annie persistía. Helen se resistía.

Finalmente, en un momento de gran drama, ocurrió un progreso importante. Durante una discusión acalorada cerca de una bomba de agua, Annie colocó una de las manos de Helen debajo del chorro de agua. En la otra mano deletreó a-g-u-a. Una y otra vez: a-g-u-a. Helen se resistía. Annie seguía haciéndolo. A-g-u-a.

De pronto, Helen se detuvo. Ella colocó su mano en la de su maestra y repitió las letras a-g-u-a. Annie sonrió. Entonces colocó la mano de Helen sobre su propia mejilla y asintió vigorosamente. «¡Sí, sí, sí! A-g-u-a». Helen la deletreó otra vez: a-g-u-a. Helen recorrió el patio con Annie, deletreando palabras. T-i-e-r-r-a. B-a-l-c-ó-n. B-o-m-b-a. Era un desfile de victoria.[2]

La Navidad celebra un momento similar para nosotros: Dios abriéndose paso en nuestro mundo. De todos los lugares posibles, en un establo. Él no nos dejará en la oscuridad. Él es quien nos persigue, el maestro. Él no se cruza de brazos mientras nosotros perdemos la oportunidad. Así que vino a nuestro mundo. Él envía señales y mensajes: e-s-p-e-r-a-n-z-a. V-i-d-a. Él rompe la coraza de nuestro mundo y nos invita a mirar en el de él. Y de vez en cuando, un alma que está buscando eleva su mirada.

---

Dios no nos dejará en la oscuridad. Él es
quien nos persigue, el maestro. Él no se cruza
de brazos mientras nosotros perdemos la
oportunidad. Así que vino a nuestro mundo.

---

Es mi oración que seas una de ellas.

Cuando Dios envíe señales, sé fiel. Permite que te guíen a las Escrituras.

Mientras las Escrituras te dirigen, mantente humilde. Permite que te guíen a la adoración.

Y mientras adoras al Hijo, sé agradecido. Él te llevará a casa. Y ¿quién sabe? Tal vez antes de que Jesús regrese, descubriremos por qué los hombres no piden direcciones. Entonces podemos hacer la otra gran pregunta de la vida: ¿por qué las mujeres se maquillan mientras están manejando?

Pero esa es una pregunta para personas más inteligentes que yo.

# 8

---

# La humildad brilla

*L*a mayoría de los protagonistas del drama de Navidad nos inspiran con su fe.

María, que exhibió un gran valor.

José, que fue obediente.

Los pastores, que llegaron rápidamente y adoraron de buena gana.

Los magos, que viajaron desde lejos y dieron generosamente.

Casi todos los personajes en el drama de Belén se comportaron como héroes. Pero hubo uno que jugó el papel de villano.

Entonces Herodes, llamando en secreto a los magos, indagó de ellos diligentemente el tiempo de la aparición de la estrella; y enviándolos a Belén, dijo: Id allá y averiguad con diligencia acerca del niño; y cuando le halléis, hacédmelo saber, para que yo también vaya y le adore [...]

Herodes entonces, cuando se vio burlado por los magos, se enojó mucho, y mandó matar a todos los niños menores de dos años que había en Belén y en todos sus alrededores, conforme al tiempo que había inquirido de los magos.

Entonces se cumplió lo que fue dicho por el profeta Jeremías, cuando dijo:

Voz fue oída en Ramá,

Grande lamentación, lloro y gemido;

Raquel que llora a sus hijos,

Y no quiso ser consolada, porque perecieron.

(Mateo 2.7–8, 16–18)

Herodes y los magos comparten el mismo capítulo, pero no compartieron el mismo corazón. Los magos recorrieron una gran distancia para ver a Jesús. Herodes no quiso salir de su propia ciudad. Los magos presentaron sus tesoros para honrar al niño. Herodes intentó matarlo. Los magos vieron a Jesús. ¿Pero Herodes? No vio a nadie excepto a sí mismo. Por consiguiente, su obituario contiene para siempre la triste explicación: la primera persona que rechazó a Jesucristo.

Dean Farrar, un erudito británico del siglo diecinueve, presenta una descripción del rey que nos da mucho que pensar: «Toda su carrera estuvo pintada de rojo, con sangre de asesinato [...] Muertes por estrangulación, muertes en la hoguera, muertes por separación del paladar en pedazos, muertes por asesinato en secreto, confesiones forzadas usando terribles torturas, actos de lujuria descarados e inhumanos [...] A lo largo de sus vidas, los sobrevivientes fueron todavía más miserables que las víctimas».[1]

Herodes asesinó a tres de sus propios hijos. En una ocasión, César Augusto manifestó: «Es mejor ser el cerdo de Herodes que su hijo».[2] ¿Qué pasó con el rey? ¿Qué provocó que cometiera actos tan violentos?

Orgullo. Herodes era adicto a su propia importancia. Su arrogancia cegó su visión de Cristo. Su ego fue amenazado en el momento en que escuchó la pregunta de los magos: «¿Dónde está el rey de los judíos que acaba de nacer?» (Mateo 2.2 NTV).

«Cuando el rey Herodes oyó eso, se perturbó profundamente» (v. 3 NTV). *¿Rey de los judíos? ¿Por qué? ¡Ese es mi título! ¡Ese es mi trabajo!* Con el pretexto de estar interesado, Herodes les preguntó a los sacerdotes y eruditos del templo dónde nacería el Mesías. Cuando Herodes recibió su respuesta, les dijo a los magos: «Vayan a Belén y busquen al niño con esmero. Cuando lo encuentren, vuelvan y díganme dónde está para que yo también vaya y lo adore» (v. 8 NTV).

Ni siquiera pudo decir «busquen al rey». Solo pudo pronunciar un «busquen al niño». Tampoco tuvo la integridad suficiente para hacer el viaje de tres horas o siquiera enviar a un agente de su corte, sino que contó con unos astrónomos para encontrar al niño. Los magos lo encontraron; sin embargo, como fueron advertidos por medio de un sueño de que regresaran a sus casas usando otra ruta, ellos evadieron a Herodes en su viaje de regreso. Su desvío dejó al megalómano furioso y ávido de sangre, lo cual resultó en el holocausto en Belén.

De la misma forma que un rayo de sol en un establo provoca que las aves canten y las ratas se escabullan rápidamente, el mismo mensaje provocó la adoración de los magos y desató la ira del rey. Herodes sabía lo suficiente como para darse cuenta de que la estrella y el pasaje bíblico eran una profecía sobre el Mesías, pero usó ese conocimiento para llevar a cabo un infanticidio. El creer no es obediencia, y el orgullo nos eclipsa la decisión correcta, aun cuando conocemos la verdad. Se dice que el amor es ciego, pero el orgullo ciega aún más.

El orgullo de Herodes dañó a otras personas.

¿Acaso no es así siempre?

¿Cuántas disculpas ha silenciado la altivez? ¿Cuántos elogios ha callado la arrogancia? ¿Cuántos corazones rotos pueden rastrear sus heridas hasta alguien con una actitud testaruda, inflexible, de aquí-se-hace-como-yo-diga?

La altanería lastima a la gente.

El otro día vi a unos niños jugando en un terreno baldío donde alguien había descargado un montón de tierra. Estaban jugando el mejor de todos los juegos de niños: el rey de la montaña. Las reglas son tan sencillas como brutales: pelea por llegar a la cima, y deshazte de cualquiera que amenace con quitarte tu lugar. Era una batalla entre arrastrarse, empujar y caerse.

El rey de la montaña no es solo un juego de niños. Se juegan distintas versiones en cada residencia de estudiantes, salón de clases, sala de juntas y dormitorio. Y como en la cima el espacio es limitado, la gente recibe bastantes empujones. Anótalo: si quieres ser rey, alguien va a sufrir. Tu altanería no provocará una masacre en Belén, pero tal vez provoque un matrimonio destrozado, un amigo distanciado o una oficina dividida.

El orgullo se paga caro.

No pagues ese precio. Medita en el consejo del apóstol Pablo: «Nadie tenga un concepto de sí más alto que el que debe tener» (Romanos 12.3 NVI).

«¡Cuánto más grande podría ser tu vida si tu yo se hiciera más pequeño en ella!», escribió G. K. Chesterton. «Saldrías de este teatro diminuto y de mal gusto en el que tu pequeña trama siempre se ha presentado, y te colocarías bajo un cielo mucho más libre».[3]

Hace un tiempo me honraron con un reconocimiento especial. Un amigo se enteró y me dijo: «Max, Dios te honró de esa manera porque fuiste lo suficientemente humilde para que no se te subiera a la cabeza». ¡Qué palabras tan amables!

Mientras más meditaba en lo que me había dicho, mejor me sentía. Mientras más lo pensaba, más de acuerdo estaba. Según avanzó el día, me sentí cada vez mejor acerca de ser tan humilde. Estaba orgulloso de mi humildad. Aquella noche, estaba a punto de contarle a Denalyn lo que él me había dicho cuando sentí una profunda convicción. ¡Estaba a punto de jactarme de ser humilde!

Humildad. Justo cuando crees que la tienes, entonces la pierdes.

Sin embargo, búscala de todos modos.

Un mensaje recurrente en las Escrituras es que Dios ama el corazón humilde. Jesús dijo: «Yo soy apacible y humilde de corazón» (Mateo 11.29 NVI). «El SEÑOR es excelso, pero toma en cuenta a los humildes» (Salmos 138.6 NVI). Dios dice: «Yo vivo [...] con el humilde» (Isaías 57.15 DHH). Él también dice: «Miraré a aquel que es pobre y humilde de espíritu» (Isaías 66.2).

Y al humilde, Dios le regala grandes tesoros.

———— ❧ ————

Y al humilde, Dios le regala grandes tesoros.

———— ❧ ————

Le da honra: «La humildad precede a la honra» (Proverbios 15.33 NTV).

Le da sabiduría: «Mas con los humildes está la sabiduría» (Proverbios 11.2).

Le da dirección: «[Él] guía por su camino a los humildes» (Salmos 25.9 DHH).

Y lo que es más importante, le da gracia: «Dios [...] da gracia a los humildes» (1 Pedro 5.5 NTV).

Y esta certeza: «El Señor [...] corona al humilde con victoria» (Salmos 149.4 NTV).

Dios ama la humildad. Y del mismo modo aborrece la arrogancia. No es que no le guste la arrogancia. No es que desapruebe la arrogancia. Él aborrece la arrogancia.

«Yo aborrezco el orgullo y la arrogancia» (Proverbios 8.13 NVI).

«Abominación es a Jehová todo altivo de corazón» (Proverbios 16.5).

Dios dice: «No hagan nada [...] por orgullo» (Filipenses 2.3 DHH) y «dejen de hablar con tanto orgullo y altivez» (1 Samuel 2.3 NVI). De la misma forma que da gracia a los humildes, «Dios se opone a los orgullosos» (1 Pedro 5.5 NTV). De la misma forma que la humildad precede a la honra, «tras el orgullo viene el fracaso» (Proverbios 16.18 DHH).

Medita menos en tus logros; medita más en los de Cristo. Pasa menos tiempo en tu trono y más en su cruz. Alardea acerca de su obra, no de la tuya. Eres valioso, pero no invaluable. El que importa es Cristo, no nosotros.

---

Medita menos en tus logros; medita más en los de Cristo. Alardea acerca de su obra, no de la tuya.

---

Aprende una lección de la triste vida de Herodes. Siempre es mejor bajarse del pedestal, y no que te saquen de él. Igual que el mesonero, Herodes perdió una oportunidad de ver a Jesús. Dios hizo todo lo necesario para llamar la atención de Herodes. Envió mensajeros del oriente y un mensaje de la Torá.

Envió maravillas desde el cielo y palabras de las Escrituras. Envió el testimonio de los cielos y las enseñanzas de los profetas. Sin embargo, Herodes se negó a escuchar. Prefirió su endeble dinastía sobre Cristo.

Y murió como un viejo miserable.

«Al darse cuenta de cómo el pueblo lo detestaba, les ordenó a su hermana Salomé y a su esposo Alejandro que mataran a todos los líderes en el hipódromo al momento de su muerte, para así asegurar el luto nacional en lugar de un festival».[4] La masacre no ocurrió. Su decreto final, al igual que su vida, probó ser vano y vacío.

Toma una decisión más sabia. El camino designado Orgullo solo te guiará a un precipicio. El camino designado Humildad te llevará al pesebre del Mesías.

# 9

Quizás hoy

Esta es la temporada de buscar algo.
Buscar
nieve si hace frío,
muérdago si él está algo torpe,
instrucciones si hay algo que ensamblar.
Buscar
lucecitas rojas si eres un niño,
luces delanteras de un auto si eres abuela,
ideas si eres un predicador.
Esta es la temporada de buscar algo.

La primera Navidad también estuvo marcada por gente que estaba buscando algo. José buscó morada. María examinó cada detalle en el rostro de Jesús. Mil ángeles fijaron su mirada en el Rey. Los magos siguieron la estrella. Sin embargo, nadie estaba buscando con más intensidad que un santo experimentado llamado Simeón.

En ese tiempo, había en Jerusalén un hombre llamado Simeón. Era justo y devoto, y esperaba con anhelo que llegara el Mesías y rescatara a Israel. El Espíritu Santo estaba sobre él y le había revelado que no moriría sin antes ver al Mesías del Señor. Ese día, el Espíritu lo guió al templo. De manera que, cuando María y José llegaron para presentar al bebé Jesús ante el Señor como exigía la ley, Simeón estaba allí. Tomó al niño en sus brazos y alabó a Dios diciendo:

«Señor Soberano, permite ahora que tu siervo muera en paz,
   como prometiste.
He visto tu salvación,
   la que preparaste para toda la gente.
Él es una luz para revelar a Dios a las naciones,
   ¡y es la gloria de tu pueblo Israel!». (Lucas 2.25–32 NTV)

A diferencia de José y María, Simeón no presenció el nacimiento de Jesús. A diferencia de los magos, tampoco visitó al niño en Belén. Para cuando él vio a Jesús, el establo estaba ocupado solo por animales y en el pesebre solo había heno. María y José ya dormían mejor en la noche. Los pastores habían regresado a sus ovejas.

Habían pasado cuarenta días. Sabemos el tiempo exacto debido a la ley judía. Según la Torá, la madre quedaba ceremonialmente impura al dar a luz a su hijo.[1] Al octavo día se circuncidaba a los bebés varones. Y luego de otros treinta y tres días, los padres ofrecían un sacrificio (Levítico 12.1–8).

Algo así como la dedicación de un bebé.

Fue en esta dedicación que Simeón vio a Jesús.

Lo más seguro es que Simeón fuera un hombre viejo: pelo gris, barba blanca. Los años habían curtido su piel, aminorado su paso y encorvado su espalda. Él estaba esperando el día cuando «llegara el Mesías y rescatara a Israel» (Lucas 2.25 NTV). Un día en el que Dios terminaría el distanciamiento del pueblo y lo reconciliaría con él.

Simeón sabía que él vería ese día. «El Espíritu Santo estaba sobre él y le había revelado que no moriría sin antes ver al Mesías del Señor» (v. 26 NTV).

¿Cómo el Espíritu se lo dijo a Simeón? ¿En un sueño? ¿Una visión? ¿Un texto bíblico? No lo sabemos. Pero sí sabemos que Simeón vivía con un ojo hacia el futuro.

Hace muchos años prediqué un sermón sobre la venida de Cristo. Pedí que imprimieran dos palabras en hojas de papel, *quizás hoy*, y se las entregaran a los miembros de la congregación. Recientemente visité a un miembro y noté que aquel papel estaba enmarcado y lo exhibía en un lugar prominente.

A Simeón le hubiera encantado una copia para su pared. Él vivía con una actitud del tipo «quizás hoy». Él sabía que vería al Mesías en la tierra antes de ver al Padre en el cielo. Y en el cuadragésimo día después del nacimiento de Jesús, el momento llegó. «Guiado por el Espíritu Santo, Simeón fue al templo» (v. 27 DHH).

Tal vez él tenía otros planes. Quizás iba a quedarse en casa o a visitar a los nietos. Tal vez su jardín necesitaba que lo regaran o el perro que lo sacaran a caminar. Pero entonces sintió un empujoncito, una noción, un aviso. Y decidió: *Creo que me voy al templo*.

Simeón caminó a través de las calles estrechas y los caminos de adoquines. Y finalmente entró en los atrios del templo. Aunque Simeón había subido los escalones del templo cientos de veces, la vista de la obra maestra de Herodes tiene que haberlo conmovido. Las piedras gigantescas. El techo dorado y las extraordinarias columnatas.[2] Aunque no era un día festivo, las calles estaban repletas de adoradores y peregrinos. De alguna manera, a pesar de la multitud, Simeón vio a José y a María.

Nadie más tenía razón para notar la presencia de los padres jóvenes. Los ángeles no tiraron pétalos ni tocaron sus trompetas cuando ellos llegaron. A Jesús no lo pasearon sobre un almohadón ni en un carruaje. Él no tenía aureola ni brillo ni aura. Él gorjeaba. Tomaba pecho. Dormía.

Además, cualquier transeúnte tenía en mente una búsqueda más importante. La gente viajaba al templo por una razón: encontrar a Dios. Nadie imaginó buscarlo en los brazos de una sencilla joven de Nazaret.

Es decir, nadie, excepto Simeón. «Quizás hoy», susurró para sí mismo cuando los vio. Él atravesó el patio del templo a toda prisa. Se abrió paso entre los peregrinos y alcanzó a José. «Disculpa», le dijo. La pareja nazarena se detuvo y se volteó.

El vientre de María ya no era redondo, pero su rostro sí. Tenía la suavidad pura de una joven campesina. José vestía la túnica áspera de un obrero. Un año atrás, tal vez habría puesto reparos ante la interrupción. Sin embargo, los últimos meses se habían caracterizado por las sorpresas. Ángeles habían hablado y adorado; pastores habían venido y se habían ido. Su esposa había conocido lo que era dar a luz antes de conocer la cama de él. José estaba aprendiendo a esperar lo inesperado. Así que ladeó su cabeza y esperó a que Simeón hablara.

Y Simeón lo hizo: «¿Me permiten tomarlo en mis brazos?», preguntó señalando al bebé.

El mismo Espíritu que le había dado empujoncitos al viejo, también incitó al joven, y José asintió. María le entregó a Jesús a Simeón, y él «tomó al niño en sus brazos y alabó a Dios diciendo: "Señor Soberano, permite ahora que tu siervo muera en paz, como prometiste. He visto tu salvación, la que preparaste para toda la gente"» (vv. 28–31 NTV).

La respuesta de Simeón se conoce en latín como *Nunc Dimittis*, o «ahora dejas».[3] *Ahora* es un término que indica cronología.

Especifica la llegada de un momento. «Ahora podemos irnos». «Ahora podemos comer». «Ahora podemos empezar». Simeón vio la llegada de Jesús como un momento «ahora»; el primer día de una nueva era. Ahora todo era distinto. La «consolación de Israel» había comenzado. La puerta de la historia había girado sobre la bisagra de una puerta en Belén. El Autor de la vida había pasado la página y estaba listo para escribir un nuevo capítulo.

Simeón no sabía cómo se llamaba el capítulo, pero nosotros sí. Las Escrituras denotan este periodo como «los últimos días». Pablo dijo: «En los últimos días vendrán tiempos difíciles» (2 Timoteo 3.1 NVI). Pedro nos instó a recordar lo que ocurriría «en los últimos días» (2 Pedro 3.3 NTV). El autor de Hebreos escribió: «Y ahora, en estos últimos días, [Dios] nos ha hablado por medio de su Hijo» (1.2 NTV).

Nosotros vivimos entre los Adviento.

El segundo Adviento incluirá el regreso repentino, personal, visible y corporal de Cristo. Jesús prometió: «Vendré otra vez» (Juan 14.3). El autor de Hebreos afirmó: «Cristo [...] aparecerá por segunda vez, ya no para cargar con pecado alguno, sino para traer salvación a quienes lo esperan» (9.28 NVI).

Como vino, Cristo regresará. No obstante, no regresará *como* vino.

Él llegó en Belén sin hacer mucho ruido. Pero regresará en gloria y con gritos. «Porque viene la hora en que todos los que están en los sepulcros oirán su voz, y saldrán de allí» (Juan 5.28–29 NVI).

En Belén, el Jesús recién nacido durmió. Cuando regrese, «el Señor mismo descenderá del cielo con un grito de mando, con voz de arcángel y con el llamado de trompeta de Dios» (1 Tesalonicenses 4.16 NTV).

En su primera venida, solo unos pocos se dieron cuenta. En su segunda, «serán reunidas delante de él todas las naciones» (Mateo 25.32).

En Belén, José colocó a Jesús en un pesebre. Cuando regrese, Jesús estará sentado en un trono: «Cuando el Hijo del Hombre venga en su gloria, y todos los santos ángeles con él, entonces se sentará en su trono de gloria» (Mateo 25.31).

⸺⸻⸺

En Belén, José colocó a Jesús en un pesebre.
Cuando regrese, Jesús estará sentado en un trono.

⸺⸻⸺

«Nosotros esperamos, según sus promesas, cielos nuevos y tierra nueva, en los cuales mora la justicia» (2 Pedro 3.13). La historia no es una sucesión infinita de círculos sin sentido, sino un movimiento dirigido hacia un gran suceso. Dios tiene un plazo de tiempo. Y, gracias a Belén, tenemos una idea de dónde estamos en esa cronología. Como dijo el apóstol Juan: «Hijitos, ya es el último tiempo» (1 Juan 2.18). Disfrutamos los frutos de la primera venida, pero anticipamos la gloria de la segunda. Nos negamos a creer que este mundo presente sea la suma total de la existencia humana. Celebramos el primer Adviento para abrir nuestro apetito por el segundo. Anhelamos la próxima venida.

⸺⸻⸺

Dios tiene un plazo de tiempo. Y, gracias a Belén,
tenemos una idea de dónde estamos en esa cronología.

⸺⸻⸺

Encontré una metáfora para este anhelo en los campos de petróleo en el oeste de Texas. Mi papá pensaba que el receso de Navidad era una buena oportunidad para que su hijo se ganara un buen dinero. Cualquiera que pudiera cavar una zanja y soportar el viento frío, haría dinero. Así que, de muchacho, pasé muchos días de diciembre en las vastas llanuras de la cuenca pérmica.

La rutina era sencilla. El capataz manejaba una camioneta llena de trabajadores hasta el borde de la civilización y nos mostraba una zanja que había sido cavada con alguna maquinaria pesada. El surco tenía como unos dos metros de profundidad. Antes de poder instalar la tubería, teníamos que remover el exceso de piedras y tierra. Él nos decía: «Manos a la obra. Luego regresaré por ustedes». Y entonces se alejaba en la camioneta.

Un tratamiento del conducto radicular en una muela hubiera sido más agradable. En diciembre no hay nada que bloquee el viento frío en la llanura. Te congela hasta los huesos. Estábamos a kilómetros de distancia de cualquier otro ser humano. Desde allí se puede ver hasta el infinito. ¡Si tan solo hubiera algo que ver! No había nada que hacer excepto cavar, y eso hacíamos. Todo el día. Ya para el mediodía, comenzábamos a pensar: *tal vez el capataz ya viene en camino.*

Para las cuatro de la tarde nuestras espaldas ya estaban cansadas. Levantábamos nuestras cabezas del surco y recorríamos el horizonte con la vista. «¿Alguien lo ve?».

Para las cinco ya estábamos cavando, y luego mirando, cavando y mirando.

Ya para el atardecer, cuando el viento frío se tornaba helado, comenzábamos a animarnos unos a otros, diciendo: «Tranquilo, ya debe estar llegando». Pensábamos en la cena que nos esperaba. La casa cálida, el baño caliente. Y justo cuando pensábamos que no podíamos esperar ni un minuto más, aparecían dos focos delanteros conocidos en el horizonte. Nadie tenía que decirnos que saliéramos del surco y recogiéramos nuestras herramientas.

Estábamos listos cuando él venía para llevarnos a casa.

Algunos de ustedes han estado cavando por mucho tiempo. Están cansados del esfuerzo. El surco es profundo y el trabajo parece no tener fin. Llevas la carga de un corazón roto. Has viajado por un camino largo y solitario. El viento está frío, y el mundo parece tan estéril como una pradera. Has buscado en el horizonte por la llegada del Rey. Te estás preguntado: *¿De verdad nos viene a buscar?*

Tu espera está por terminar. Si toda la historia fuera solo un año, las hojas estarían color dorado otoñal.

Si toda la historia fuera meramente un día, el sol estaría comenzando a ponerse.

Si toda la historia fuera solo una hora, el minutero del reloj estaría a punto de completar la vuelta completa del reloj.

Alguna gente dice que conoce el día y la hora de su regreso. Yo no lo sé. Pero sí sé que la Biblia nos insta a buscar señales específicas que indican el regreso de Cristo.

- La predicación del evangelio a todas las naciones (Marcos 13.10; Mateo 24.14)
- Días de aflicción en los que los santos sufrirán y la creación temblará (Marcos 13.7–8, 19–20)
- La llegada del anticristo, un enemigo de Dios que engañará a muchos (2 Tesalonicenses 2.1–10)
- La salvación de muchos judíos (Romanos 11.12, 25–26)

- Señales en los cielos (Marcos 13.24–25)
- Falsos profetas (Marcos 13.22)

En cierta medida, cada una de estas señales ha visto su cumplimiento. El evangelio se ha esparcido por el mundo. Muchos cristianos han experimentado una opresión severa. El mundo ha sufrido a manos de villanos globales. Muchos judíos han sido salvos. Nuestra tierra se ha sacudido con dolores de parto, y los falsos profetas han debilitado a la iglesia.

Sin duda, estas señales se cumplirán mucho más. Pero una cosa es segura: el fin está cerca. O, mejor dicho, el comienzo está cerca.

> ¡Porque, mirad! Los días se apuran,
> predichos por sabio profetas.
> Cuando con el paso eterno de los años,
> llegue la edad de oro.
> Cuando lance la paz sobre toda la tierra
> sus antiguos esplendores,
> y el mundo entero devuelva la canción
> que ahora cantan los ángeles.[4]

Esta no es la temporada de buscar a un viejo alegre vestido de rojo, sino a un Rey majestuoso sobre un caballo blanco. Tras su orden, el mar devolverá a los muertos, el diablo renunciará a su búsqueda, los reyes y las reinas entregarán sus coronas, los corazones rotos rendirán su desesperación y los hijos de Dios elevarán su adoración. Sabio es el santo que busca como Simeón. Si supieras que Jesús regresa mañana, ¿cómo te sentirías hoy? ¿Ansioso, con miedo, desprevenido? Si es así, puedes atender tus temores poniendo tu confianza en Cristo. Si tu respuesta incluye palabras como *feliz*, *aliviado* y *emocionado*, aférrate a tu gozo. El cielo es la respuesta de Dios para cualquier sufrimiento que puedas enfrentar.

Si supieras que Jesús regresa mañana, ¿qué harías hoy? ¡Entonces hazlo! Vive de tal manera que no tengas que cambiar tus planes.

En un capítulo anterior mencioné la tristeza que arropó a nuestra familia un diciembre. Nuestra hija perdió un bebé durante el tiempo de Adviento. Sin embargo, al año siguiente la tristeza fue reemplazada con alegría. La Navidad trajo la emoción de un embarazo saludable. De hecho, tan saludable que Jenna nos asignó a todos una tarea. Ella estaba en la etapa del embarazo en que el bebé está desarrollando su sentido de audición. Así que le pidió a toda la familia que grabara algún mensaje que ella pudiera ponerle a su hija todavía por nacer.

¿Quién podría pasar por alto una oportunidad como esa? Me retiré a una esquina en silencio y grabé este mensaje de bienvenida.

Amada, amada bebé. Estamos locos por darte la bienvenida a este mundo. Te estamos esperando. Tus padres han preparado un lugar para ti. Tienes abuelos, tías y tíos listos para colmarte de amor. No podemos esperar para amarte y mostrarte tu nuevo y maravilloso hogar.

¡No fue hasta que terminé que me di cuenta de que esa es la invitación que Dios nos hace! Él ha preparado un lugar. Él tiene una familia para amarnos. Y tiene un mundo nuevo y maravilloso que mostrarnos. ¿Quién sabe? Este podría ser el día de nuestro parto.

# 10

## Corona, cuna y cruz

*L*a enorme caja estuvo en la esquina de nuestra sala durante semanas sin ninguna explicación. Apareció poco después de Acción de gracias, y permaneció allí, sin que nadie la tocara, casi todo el mes de diciembre. Era casi tan alta como yo, lo que no es mucho decir. Apenas tenía cuatro años. A diferencia de las otras cajas cerca del árbol de Navidad, esta no estaba envuelta en papel de regalo vistoso ni tenía cintas resplandecientes. No tenía nombre, ni del dador ni del receptor. Estaba sellada con cinta adhesiva; muy bien sellada, si no mi hermano y yo la habríamos abierto. Todo lo que podíamos hacer era preguntar sobre ella.

Mamá no tenía ninguna explicación. Tampoco parecía impresionada. «Parece algo que tu papá compró para Navidad». En todo caso, asumió que papá había usado la Navidad como una excusa para comprarse un regalo. Él siempre había querido un motor fuera de borda para montarlo en un bote de pesca. ¿Acaso había uno en la caja?

La mañana de Navidad, mientras mis hermanas mayores abrían sus regalos y mi hermano y yo correteábamos y jugábamos con nuestros juguetes nuevos, mi mamá se percató de que la enorme caja estaba todavía sin abrir.

Entonces preguntó: «Jack, ¿no vas a abrir el regalo grande?».

Papá no podía mantener más su cara seria que lo que podía caminar a la luna sobre un rayo lunar. Comenzó a sonreír, sus cejas se arquearon como pequeños arcoíris, y miró a mamá con una especie de brillo de Papá Noel en su mirada. «El regalo no es para mí; es para ti».

Mi hermano y yo nos detuvimos, y los miramos. Papá nos hizo un guiño. Ella estaba mirando a papá. Sabíamos que algo divertido estaba a punto de ocurrir. Mamá caminó hacia la caja. Papá tomó en su mano la cámara ocho milímetros y todos los hijos nos acercamos a toda prisa.

Mamá abrió de un tirón la caja sin remitente ni descripción. Metió la mano y comenzó a sacar papel de seda. Un montón tras otro.

La imagen en la película —un recuerdo que a nuestra familia le encantaba mirar, rebobinar y volver a mirar— comienza a temblar cuando papá empieza a reírse. «Sigue buscando, Thelma», le dice, sin soltar la cámara.

«¿Qué hay aquí?», pregunta, todavía sacando papel. Finalmente encuentra algo. Una caja dentro de la caja. La abre y encuentra otra caja. La abre, y encuentra otra. Esto pasa un par de veces más hasta que finalmente llega a la caja más pequeñita. La caja de un anillo. Mi hermano y yo gritamos: «¡Mamá, ábrela!». Ella sonríe a la cámara. «Jack».

Yo no entendía el significado romántico de un nuevo anillo. Pero sí aprendí una lección: un regalo extraordinario puede llegar en un paquete nada extraordinario. Uno llegó en casa de los Lucado.

Uno llegó en Belén.

———⊗⊗⊗———

Un regalo extraordinario puede llegar
en un paquete nada extraordinario.
Uno llegó en Belén.

———⊗⊗⊗———

Nadie esperaba que Dios llegara de la manera en que llegó. Sin embargo, la forma en que llegó era tan importante como la llegada misma. El pesebre es el mensaje. Al menos esa fue la opinión del apóstol Pablo.

Pablo. Su nombre aparece pocas veces en las reflexiones navideñas. Típicamente pensamos en José, María, los pastores y los magos. No nos referimos con frecuencia al fariseo reformado. No obstante, deberíamos hacerlo. Sus palabras son el resumen bíblico más elocuente de la promesa de Belén. El Cristo descendido es ahora el Cristo ascendido, y él reina sobre nosotros.

La actitud de ustedes debe ser como la de Cristo Jesús,

quien, siendo por naturaleza Dios,
    no consideró el ser igual a Dios como algo a qué aferrarse.
Por el contrario, se rebajó voluntariamente,
    tomando la naturaleza de siervo
    y haciéndose semejante a los seres humanos.
Y al manifestarse como hombre,
    se humilló a sí mismo
y se hizo obediente hasta la muerte,
    ¡y muerte de cruz!

Por eso Dios lo exaltó hasta lo sumo

    y le otorgó el nombre que está sobre todo nombre,

para que ante el nombre de Jesús se doble toda rodilla

    en el cielo y en la tierra y debajo de la tierra,

y toda lengua confiese que Jesucristo es el Señor,

    para gloria de Dios Padre. (Filipenses 2.5–11 nvi)

El apóstol no estaba escribiendo un sermón de Navidad. Su objetivo era mucho más rutinario. Pablo estaba aconsejando a una iglesia. Los cristianos en Filipos parecían tener algunos problemas; entre ellos, ambición egoísta y vanidad (2.3). Más adelante en su carta, él menciona a dos mujeres: Evodia y Síntique. No había manera en que pudieran llevarse bien. Pablo les rogaba que fueran «de un mismo sentir en el Señor» (4.2). Pablo le estaba pidiendo encarecidamente a la iglesia que buscara la humildad. Como resultado tenemos esta carta de cuatro capítulos. En el corazón de la epístola está el corazón del evangelio. Un resumen en seis versículos de la intervención divina de Dios. Algunos expertos opinan que el texto es un himno. Si es así, entonces las palabras componen unos de los primeros himnos cristianos. Otros describen la cita como una liturgia que se leía en las primeras iglesias. Y otros creen que el pasaje originalmente era un poema. Me gusta ese pensamiento: Pablo, el poeta laureado de Adviento. Ya sea un himno, una liturgia o un poema de la pluma del apóstol, sí sabemos esto: la lectura es elocuente.

Jesús era «por naturaleza Dios». Antes de Belén, Jesús tenía todas las ventajas y los beneficios de la deidad. Era infinito, eterno, sin límites. «Todas las cosas por él fueron hechas, y sin él nada de lo que ha sido hecho, fue hecho» (Juan 1.3).

Cada piedra, árbol y planeta necesita un sello que diga «Hecho por Jesús». A él le pertenece el crédito por la Galaxia Remolino, que contiene más de cien billones de estrellas.[1] Él creó nuestro sol. Más de un millón de planetas Tierra cabrían dentro del sol.[2] Jesús formó la estrella Betelgeuse, que, si fuera colocada en el centro del sistema solar de la Tierra, se extendería hasta la órbita de Júpiter.[3] La estrella Betelgeuse es aproximadamente mil veces más grande que nuestro sol.[4] Jesús habló y se formó el cielo adornado con lentejuelas. Él llama a cada estrella por su nombre y puede plegar los cielos como un beduino empacaría su tienda.

Sin embargo, el titular de Pablo no es «Cristo el Creador»; es «Cristo el encarnado». Aquel que lo creó todo «se rebajó voluntariamente». Cristo se hizo pequeño. Se hizo dependiente a unos pulmones, una laringe y dos piernas. Experimentó hambre y sed. Pasó por todas las etapas normales del desarrollo humano. Le enseñaron a caminar, a pararse, a lavarse la cara y a vestirse solo. Sus músculos se fortalecieron; su pelo creció. Su voz cambió cuando pasó por la pubertad. Él era genuinamente humano.

Cuando Jesús «se regocijó» (Lucas 10.21), su alegría era genuina. Cuando lloró por Jerusalén (Lucas 19.41), sus lágrimas eran tan reales como las tuyas y las mías. Cuando preguntó: «¿Hasta cuándo tendré que soportarlos?» (Mateo 17.17 NTV), su frustración era sincera. Cuando clamó desde la cruz: «Dios mío, Dios mío, ¿por qué me has desamparado?» (Mateo 27.46), él necesitaba una respuesta. Él sabía solo lo que el Padre le revelaba (Juan 12.50). Si el Padre no le daba dirección, Jesús no reclamaba tenerla.

Él «tomó naturaleza de siervo» (Filipenses 2.7 DHH). ¡Él se hizo como nosotros para poder servirnos! Vino al mundo no para exigir nuestra lealtad, sino para mostrarnos su afecto.

———∞———

Él vino al mundo no para exigir nuestra
lealtad, sino para mostrarnos su afecto.

———∞———

Jesús no vio su igualdad con Dios como «cosa a que aferrar-
se» (2.6) ni «insistió» (2.6 TLA) en ella. Él se negó a imponerse.
Se despojó a sí mismo de cualquier ventaja divina.

Cuando las personas se burlaron de él, no las convirtió en
estatuas de piedra. Cuando los soldados lo escupieron, no hizo
que la saliva regresara a ellos como un bumerán. Cuando la
gente lo llamó loco, nos los dejó ciegos. Hizo justo lo contrario.
Se hizo «obediente hasta la muerte, y muerte de cruz» (v. 8).

Pablo hizo un énfasis especial: «*y muerte de cruz*». La
crucifixión era la forma de ejecución más cruel en el Imperio
romano. Por lo general, se reservaba para los de las clases
más bajas, en especial esclavos. Era regulada solo por la
moralidad de los ejecutores, y había muy poco que decir de
ellos. La víctima era torturada, azotada, clavada a una viga
de madera y atravesada con una lanza. La dejaban desnuda y
ensangrentada, suspendida allí para que todos la vieran. Se
convertía en un ejemplo público de cómo la sociedad trata a
los malhechores.

No puede repetirse lo suficiente que era Dios quien estaba
en aquella cruz. *Dios* recibió los clavos. *Dios* recibió los latiga-
zos. *Dios* soportó la vergüenza. *Dios* sintió la punta de la lanza. *Dios* exhaló un último aliento.

Jesús descendió la escalera de la encarnación de escalón en
escalón.

Por naturaleza, Dios.

No se aferró a su igualdad con Dios.

Se rebajó a sí mismo.

Tomó la forma de un siervo.

Se sometió a la muerte.

Y muerte de cruz.

Abajo, abajo, abajo, abajo. Desde la corona en el cielo, a la cuna en Belén, a la cruz en Jerusalén.

Una cosa era que Cristo entrara en un vientre, y otra muy distinta que lo colocaran en un sepulcro. Pero el sepulcro no pudo contenerlo. El poema de Pablo asume un tono triunfante: «Por eso Dios lo exaltó hasta lo sumo y le otorgó el nombre que está sobre todo nombre» (v. 9 NVI).

Aquel que se humilló, ahora es elevado. Aquel que descendió, ahora es exaltado. Jesús es promovido «al lugar de máximo honor» (v. 9 NTV). Ningún ángel está más alto. Ningún puesto político está más alto. Jesús sobrepasa a todo gobernante y conquistador. Jesús está, ahora mismo, en el lugar de máximo honor. Él ocupa el único trono real en el universo. Cualquier otro trono está hecho de papel maché y está destinado a desaparecer. No así el trono de Jesús. Dios «le otorgó el nombre que está sobre todo nombre» (v. 9 NVI).

Los nombres tienen peso. Cuando se anuncia el nombre reina Elizabeth, la gente se detiene. Cuando la carta está firmada por John F. Kennedy, es altamente preciada y la guardan en una caja de seguridad. Napoleón, César, Alejandro Magno... todos estos nombres hicieron que la gente volteara sus cabezas. Sin embargo, solo un nombre hará que ellos se arrodillen: «Ante el nombre de Jesús se doble toda rodilla en el cielo y en la tierra y debajo de la tierra» (v. 10 NVI).

El pobre. El rico. El negro. El marrón. El político. El médico. La superestrella de la alfombra roja. El mendigo en la esquina de la calle. Toda rodilla se doblará ante Jesús. Y «toda lengua [confesará] que Jesucristo es el Señor» (v. 11).

Hay personas en nuestro planeta que se burlan del nombre de Jesús. Se mofan de la idea de Dios en la tierra. Renuncian a su necesidad de un Salvador y ponen en entredicho a cualquiera que cree en Cristo. Son autosuficientes, independientes, todo lo han logrado por esfuerzo propio y solo confían en sí mismos. Pídeles que doblen una rodilla ante Jesús y se te reirán en la cara. Pero no se reirán para siempre. Se acerca un día en el que se arrodillarán en su presencia. Stalin confesará su nombre. Herodes confesará su nombre. Hasta, o mejor dicho, especialmente, Satanás confesará su nombre. «Todos los que contra él se enardecen serán avergonzados» (Isaías 45.24).

Un gobernante tras otro dará un paso al frente. Se recogerán las coronas al pie del trono de Jesús. Y los premios Pulitzer, Nobel y las medallas de oro. ¿Jugador Más Valioso? ¿Doctorado? ¿Doctor? Todos los reconocimientos se volverán instantáneamente insignificantes ante la presencia de Cristo el Creador. Nadie se jactará. Se demostrará que todo el dinero en la historia es falsificado. Cada Rolls-Royce parecerá una carreta de bueyes. Nada importará. Nadie importará.

Solo Jesús.

En el Gran Día escucharás billones de voces afirmando lo mismo sobre Jesucristo. Multitudes de personas se inclinarán, como un campo de trigo soplado por el viento, y cada uno le dirá a Jesús: «Tú eres el Cristo, el Hijo del Dios viviente» (Mateo 16.16).

Aquellos que le adoraron en la tierra le confesarán alegremente. Aquellos que no lo hicieron le confesarán con pesar. Los creyentes recibirán su herencia. Los impíos recibirán la de ellos: separación de Cristo.

En una de sus transmisiones radiales, C. S. Lewis afirmó:

Dios invadirá [...] Cuando eso ocurra, es el fin del mundo. Cuando el autor camina sobre el escenario, la obra terminó [...] Pero esta vez será Dios *sin* disfraz; algo tan abrumador que infundirá o un amor irresistible o un terror irresistible en cada criatura. Entonces ya será demasiado tarde para *elegir* de qué lado estás [...] Será el momento cuando descubriremos el lado que realmente hemos elegido.[5]

A propósito, Jesús no ha renunciado a su cuerpo terrenal. La encarnación que comenzó en Belén continúa en este momento en los cielos. Cuando Jesús ascendió, lo hizo en un cuerpo humano. Como se hizo hombre, nunca dejará de ser hombre. ¡El Dios encarnado sigue siendo justo eso!

¿Por qué esto es importante? Un ser humano está a cargo del universo. Glorificado; ciertamente. Exaltado; por supuesto. Completamente divino; sin duda alguna. Pero aun así, la mano que dirige los asuntos de la humanidad es la misma mano que sujetó un martillo en Nazaret. En el centro de esa mano hay una cicatriz, un recordatorio eterno del amor eterno de Dios.

Arrodíllate delante de él. Humíllate ante Aquel que se humilló a sí mismo por ti.

———⊗⊗⊙———

Humíllate ante Aquel que se
humilló a sí mismo por ti.

———⊗⊗⊙———

Y pensar que todo comenzó en el lugar más discreto de
todos: ¡una caja de heno en Belén!

# 11

## Adiós a las curvaturas

*Y*a comenzó la búsqueda del árbol de Navidad. Las familias están visitando carpas y patrullando las aceras. Levantan ramas y examinan las agujas de pino. Miden. Cavilan. Consideran. Hacen trueques.

El árbol no puede ser demasiado alto ni muy bajito. Necesita ajustarse al espacio y al presupuesto. Tiene que ser frondoso, pero no denso; maduro, pero no reseco. Para algunos, es un abeto noble. Para otros, un pino Oregón o Virginia. Las preferencias son distintas, pero el deseo es el mismo. Queremos un árbol de Navidad perfecto.

¡Y qué momento tan especial cuando lo encontramos! Cuando lo amarramos al auto. Lo arrastramos a la casa y lo paramos en su base.

Nos deleitamos en este momento. Solo unas pocas personas han ganado el Abierto de Tenis de Estados Unidos, terminado un triatlón Ironman, o cualificado para recibir la beca Rhodes. Y muchas menos han colocado el árbol de Navidad en su base sin que se incline hacia un lado.

Nos preparamos durante todo el año. Leemos artículos, asistimos a seminarios, intercambiamos ideas y compartimos secretos. Estamos vinculados por el deseo de evitar la tragedia de la temporada navideña: un árbol inclinado.

Hubo un año que por poco no escapo. Denalyn y yo colocamos el árbol en la base, retrocedimos y suspiramos ante lo que vimos. La temida inclinación. Gateé debajo de las ramas y comencé a ajustar los tornillos hasta que el árbol quedó tan derecho como un tallo de trigo. Dimos varios pasos atrás y admiramos mis destrezas de ingeniería. Denalyn colocó su brazo sobre el mío, y yo ahogué mis lágrimas de alegría. Mis hijas me llamaron bendecido. Los ángeles comenzaron a cantar. El sonido de las trompetas retumbó en el jardín, donde los vecinos se habían reunido. La Casa Blanca llamó para felicitarme. Pusimos las luces y colgamos los adornos. Fue una noche maravillosa.

Entonces ocurrió la catástrofe. El árbol comenzó a inclinarse otra vez. Las decoraciones se movieron, las luces se desplazaron. Denalyn gritó, y yo corrí al rescate.

En esta ocasión, puse el árbol a un lado, removí la base y encontré la raíz del problema. A unos quince centímetros por encima de la línea de corte había una curvatura hacia la derecha. ¡Nuestro árbol estaba torcido! Hacía algún tiempo, en un bosque, este árbol había crecido inclinado. Y ahora estaba aquí, en nuestra casa, a plena luz del día y frente a nuestras hijas... ¡inclinado otra vez!

¿Qué se hace en estos casos? Mientras buscaba un serrucho en el garaje, se me ocurrió algo: no soy el primer padre que tiene que lidiar con un asunto como este. Dios se enfrenta a esta situación continuamente. ¿Acaso no tenemos todos nuestras curvaturas poco atractivas?

Sé que yo las tengo. Tomemos solamente los pasados tres días:

- Evité devolverle una llamada a un miembro de la congregación porque la mayoría de las veces las conversaciones con él generan más quejidos que un bebé con cólicos. Vi su número en mi teléfono y refunfuñé: «No estoy para escuchar ahora una sarta de penas». ¡Y soy pastor! ¡Uno de sus pastores! Se supone que ame a las ovejas, alimente a las ovejas y cuide de las ovejas. Y esquivé a esta oveja. (Finalmente lo llamé. Quería felicitarme por un sermón).

- Ayer me levanté a las 2:30 de la mañana, reviviendo el resultado de una reunión. No estuve de acuerdo con una decisión en particular. Cuando votamos, quedé en la minoría. Aquello me molestó. Entre las 2:30 a.m. y 3:30 a.m., acusé a cada uno de los otros miembros del equipo de estupidez e insensibilidad. Mi manera de pensar era tóxica.

- Y entonces está el asunto de los plazos de entrega. ¿Podré cumplirlos? ¿Por qué los acepté? ¿Por qué la editorial los exige? ¿Acaso no saben que un alma frágil como la mía necesita espacio para crear?

Me encantaría permanecer tan erguido como una secuoya, pero no es así. Y como no es así, encuentro un alma gemela en el árbol de Navidad. Y creo que te pasará igual. Lo que haces por un árbol, Dios lo hace por ti.

Él te escogió.

¿Compras el primer árbol que ves? ¡Por supuesto que no! Buscas el correcto. Caminas por los pasillos. Levantas varios de ellos y luego los dejas a un lado. Los examinas desde todos los ángulos hasta que decides: *Este está perfecto*. Tienes en mente el lugar donde lo vas a poner. No cualquier árbol servirá para ese propósito.

Dios hace lo mismo. Él sabe exactamente dónde te va a poner. Él tiene una sala vacía que necesita desesperadamente alegría y calidez. Una esquina en el mundo que necesita algo de color. Y él te escogió a ti con ese lugar en mente.

Como escribió el rey David: «Porque tú formaste mis entrañas; me hiciste en el seno de mi madre. Te alabaré, porque asombrosa y maravillosamente he sido hecho; maravillosas son tus obras [...] en tu libro se escribieron todos los días que me fueron dados, cuando no existía ni uno solo de ellos» (Salmos 139.13–14, 16 LBLA).

Dios te hizo a propósito con un propósito. Él entretejió calendario y carácter, circunstancia y personalidad para crear a la persona adecuada para la esquina adecuada en el mundo, y luego pagó el precio para llevarte a casa.

———— ∞∞ ————

Dios te hizo a propósito con un propósito.

———— ∞∞ ————

Él te compró.

No le pedimos al dueño del lote de árboles que nos dé el árbol gratis. El muchacho que coloca el árbol en el auto no afloja el efectivo; lo hacemos nosotros. Pagamos el precio necesario.

Dios hizo lo mismo. «Dios los compró a un alto precio» (1 Corintios 6.20 NTV).

Rick Warren nos cuenta acerca de una ocasión en que estaba esperando en un estacionamiento. Su hijita de tres años estaba en su silla de seguridad en el asiento trasero. Mientras esperaban a que su esposa regresara de la tienda, su hija comenzó a inquietarse. Y como Rick anticipaba una espera corta, no quería sacarla de su silla. La niñita sacó su cabeza por la ventana y gritó: «¡Por favor, Dios! ¡Sácame de esta!».[1]

En algún momento en la vida, ¿acaso no nos hemos sentido como la hija de Rick? Estamos atrapados. No atrapados en un asiento trasero, sino atrapados en un cuerpo que está muriendo, con malos hábitos, sufriendo las consecuencias de malas decisiones en un mundo rebelde. Necesitamos ayuda.

Así que compramos hasta más no poder, bebemos hasta que no podemos pensar, trabajamos hasta que no podemos parar. Hacemos cualquier cosa posible para alejar de la mente nuestro lío, solo para levantarnos, pasar la borrachera, o sentarnos y darnos cuenta de que todavía estamos atrapados.

Así que tomamos píldoras, tomamos vacaciones, tomamos el consejo de terapeutas, cantineros y hermanos mayores. Compramos bolsos o autos nuevos. Cambiamos de color de pelo, amantes y la forma de nuestro estómago. Sin embargo, terminamos enfrentando el mismo lío.

Necesitamos a alguien que nos salve de la falta de sentido y la maldad. Estamos perdidos, y necesitamos que nos encuentren y nos lleven de vuelta a casa. Necesitamos un Salvador. La promesa de Navidad es esta: tenemos un Salvador y su nombre es Jesús.

---

La promesa de Navidad es esta: tenemos
un Salvador y su nombre es Jesús.

---

Su tiempo en la Tierra fue una misión de búsqueda y rescate. Él rescató a una mujer que se escondía en Samaria. Cinco maridos la habían abandonado como a la basura de la mañana. El sexto no quería casarse con ella. Era la comidilla del pueblo. Ella llenaba su cántaro de agua en el momento más caliente del día para eludir las miradas de la gente. Cristo se desvió de su ruta para ayudarla.[2]

Él rescató a un endemoniado que vivía entre las cuevas. Los espíritus malignos lo habían llevado a mutilarse y a cortarse con piedras. Una palabra de Cristo detuvo el dolor.[3]

Él vio al pequeñín de Zaqueo en Jericó. El colector de impuestos había timado a suficientes personas como para amasar su fondo de jubilación. Sin embargo, él lo habría dado todo por una conciencia limpia y un buen amigo. Tuvo un almuerzo con Jesús y encontró las dos cosas.[4]

Así transcurrió el ministerio de Jesús durante tres años. Transformó a una persona tras otra; nadie sabía cómo responder ante este carpintero que daba órdenes a los muertos. Sus manos sanadoras tenían callos; su voz divina tenía un acento. Solía dormirse en barcas y le daba hambre cuando estaba de viaje. Sin embargo, él espantó a los demonios del poseído y dio esperanza al desposeído. Y justo cuando parecía estar preparado para una corona, él murió en una cruz.

No sabemos por qué con frecuencia se le llama madero a la cruz de Cristo. Tal vez las cruces antiguas eran realmente árboles. O, como las cruces se hacen de árboles, quizás conservaron la referencia. Pero cualquiera que sea la razón, los escritores del primer siglo con frecuencia se refirieron a la cruz como un madero. Pedro lo hizo cuando declaró: «[Jesús] llevó él mismo nuestros pecados en su cuerpo sobre el madero» (1 Pedro 2.24).

En algún punto en la cronología entre el árbol del conocimiento en el huerto y el árbol de la vida en el cielo, está el árbol del sacrificio cerca de Jerusalén. Y, si los árboles de Navidad se distinguen por su belleza y regalos, entonces, ¿quién puede negar que el árbol de Navidad más extraordinario fue uno rugoso en la cima de un monte? «Dios [...] nos amó y envió a su Hijo para que fuera ofrecido como sacrificio por el perdón de nuestros pecados» (1 Juan 4.10 NVI). Jesús tomó nuestros pecados. Quedó cubierto por la rebelión que nos separaba de Dios. Él soportó lo que se suponía que soportáramos nosotros. Él pagó el precio para salvarnos.

> Cuando éramos totalmente incapaces de salvarnos, Cristo [...] murió por nosotros, pecadores. (Romanos 5.6 NTV)

> Cristo padeció una sola vez por los pecados, el justo por los injustos, para llevarnos a Dios. (1 Pedro 3.18)

En el pesebre, Dios te ama; por medio de la cruz, Dios te salva. Pero ¿te ha llevado ya a casa? Todavía no. Él tiene una tarea para ti. Él quiere que el mundo vea lo que Dios puede hacer con las posesiones que ha comprado.

---

En el pesebre, Dios te ama; por medio de la cruz, Dios te salva.

---

Por lo tanto... te poda.

Le da un hachazo a tus prejuicios y corta tu autocompasión, y cuando hay una inclinación en tu carácter que necesita ser removida, se le conoce por sacar su viejo serrucho

Black & Decker. Jesús dijo: «Mi Padre es el labrador [...] toda rama que da fruto la poda para que dé más fruto todavía» (Juan 15.1–2 NVI).

Una vez que él nos estabiliza, entonces comienza la decoración. Nos decora con el fruto del Espíritu: amor, alegría, paz, paciencia, amabilidad, bondad, fidelidad, humildad y dominio propio. Él nos corona. Mucha gente corona sus árboles de Navidad con un ángel o con una estrella. Dios usa ambos. Envía sus ángeles para protegernos y su Palabra como una estrella para guiarnos.

Luego nos rodea con su gracia. Nos convertimos en su almacén; el punto de distribución de los regalos de Dios. Él no quiere que nadie se aleje de nuestra presencia con las manos vacías. Algunas personas pueden encontrar el regalo de la salvación. Para otros, los regalos son más pequeños: una palabra de aliento, una buena acción. Pero todos los regalos vienen de Dios.

Nuestra tarea es mantenernos erguidos en su amor, seguros en nuestro lugar, destellando amabilidad, rodeados por su bondad, dando abundantemente a todo el que se nos acerque.

Tú, yo y el árbol de Navidad. Escogidos, comprados y podados.

Confía en la obra de Dios.

---

Tú, yo y el árbol de Navidad. Escogidos, comprados y podados. Confía en la obra de Dios.

---

Vas a lucir mucho mejor sin las curvaturas.

# 12

Cada día es Navidad,
cada corazón es un pesebre

Hollywood cambiaría el reparto de la historia de Navidad. El cuello de José es demasiado azul. María está verde por su inexperiencia. El estrellato de la pareja no encaja con el libreto. Demasiado oscuro. Demasiado simple. La historia merece algunos titulares. Un José apuesto. Alguien como el Clooney de su época. Y María necesita un lunar y dientes relucientes. Angelina Jolie-ish. ¿Y qué de los pastores? ¿Ellos cantan? Si es así, ¿quizás Bono y U2?

Hollywood cambiaría el reparto de la historia.

Una persona civilizada lo depuraría. Ninguna persona, por más pobre que sea, debería nacer en un establo. Heno en el piso. Animales sobre el heno. No coloques al bebé en un comedero; la nariz del burro ha estado ahí. No envuelvas en paños al recién nacido. Huelen a oveja. Y hablando de olores, ten cuidado donde pisas.

Una buena firma de relaciones públicas hubiera trasladado el nacimiento a una ciudad grande. Verifica cuáles palacios romanos pueden alquilar, cuáles villas griegas pueden arrendar. El Hijo de Dios merece una entrada de realeza. Menos campesina, más extravagante. Olvídense de las cabezas de oveja, y consigan a jefes de estado, a la cabeza de naciones. ¿No deberíamos organizar un desfile para este evento? Pensarías que sí.

¡Que los corceles se pavoneen y las trompetas suenen! Emplacen a emperadores de tronos antiguos y palacios aún sin edificar. Abraham y Moisés deberían arrodillarse ante el pesebre. Incluso Adán y Eva deberían venir a Belén e inclinarse ante el Alfa y la Omega, que está en brazos de María.

Pero nosotros no diseñamos el momento. Dios lo hizo. Y Dios estaba contento con llegar al mundo en presencia de ovejas soñolientas y un carpintero boquiabierto. Nada de reflectores, solo la luz tenue de unas velas. Nada de coronas, simplemente vacas rumiando.

Dios no hizo fanfarria con el nacimiento de su Hijo. Ni siquiera circuló la fecha en el calendario. Las navidades antiguas saltaron de fecha en fecha, antes de finalmente quedarse en el 25 de diciembre. Algunos líderes antiguos preferían fechas en marzo. Durante muchos siglos, la iglesia ortodoxa en el este de Europa celebró la Navidad el 6 enero, y algunos todavía lo hacen. No fue hasta el siglo cuarto que la iglesia escogió el 25 de diciembre como la fecha para celebrar el nacimiento de Jesús.[1] Hemos hecho más alboroto con llegadas menos importantes. ¿Cómo es esto posible? No hay una fecha de nacimiento exacta. Ninguna conmoción en su nacimiento. ¿Es esto un error?

¿O es este el mensaje?

Tal vez tu vida se parece al establo en Belén. Ordinaria en algunas partes, apestosa en otras. Sin mucho *glamour*. No siempre ordenada. Las personas en tu círculo te recuerdan a los animales del establo: pastando como ovejas, tercas como asnos, y esa vaca en la esquina se parece muchísimo al vecino del lado.

Tú, al igual que José, llamaste a la puerta del mesonero. Pero llegaste muy tarde. O estabas muy viejo, enfermo, embotado, dañado, pobre o indispuesto. Conoces el sonido de una puerta que se cierra en tu cara. Así que aquí estás, en la gruta; siempre a las afueras de donde parece estar la actividad.

Haces tu mayor esfuerzo para hacer lo mejor posible, pero por más que lo intentas, el techo sigue goteando y el viento invernal se sigue colando por los huecos que simplemente no puedes tapar. Has temblado en medio de tu cuota de noches frías.

Y te preguntas si Dios tiene un lugar para alguien como tú. Encuentra tu respuesta en el establo de Belén.

———— ❧ ————

Si te preguntas si Dios tiene un lugar para alguien como tú, encuentra tu respuesta en el establo de Belén.

———— ❧ ————

Imagínate a dos ángeles que están de gira por el universo, tal como lo hizo J. B. Phillips. Su analogía navideña arroja luz sobre el amor de Dios. Los ángeles vuelan de una galaxia a otra hasta que llegan a la que vivimos. Según aparecen a la vista el sol y los planetas que orbitan a su alrededor, el ángel superior llama la atención hacia uno de los miembros más pequeños del sistema solar.

—Quiero que observes aquel en particular —dijo el ángel superior, señalando con su dedo.

—Bueno, en mi opinión, parece bastante pequeño y sucio —dijo el ángel de menor rango—. ¿Qué tiene ese planeta de especial?

Su superior le explicó que la bola poco impresionante era el famoso Planeta Visitado. El otro ángel se sorprendió.

—¿Quiere decir que nuestro Príncipe supremo y glorioso ... bajó en Persona hasta esa pequeña bolita de quinta categoría? ...

—¿Me estás queriendo decir que Él se rebajó hasta el punto de convertirse en una de esas criaturas repulsivas y humillantes en esa bola flotante?

—Sí, y no me parece que a Él le agrade mucho que les llames "criaturas repulsivas y humillantes" con ese tono de voz. Porque, por extraño que pueda parecernos, Él los ama. Él bajó a visitarlos para así elevarlos y que fueran más como Él.[2]

En realidad todo se resume en eso: Dios nos ama. La historia de la Navidad es la historia del obstinado amor de Dios por nosotros.

---

La historia de la Navidad es la historia del obstinado amor de Dios por nosotros.

---

Permítele amarte. Si Dios estuvo dispuesto a envolverse a sí mismo en harapos y mamar del pecho de una madre, entonces todas las preguntas acerca de su amor por ti están fuera de discusión. Puedes cuestionar sus acciones, decisiones o declaraciones. Pero nunca jamás cuestiones su chiflado, impresionante e inextinguible amor.

El instante en que María tocó el rostro de Dios es el momento en que Dios hizo su planteamiento: no existe ningún lugar al que él no iría. Si él está dispuesto a nacer en un corral, entonces puedes esperar que él obre en cualquier sitio: bares, alcobas, salas de junta y prostíbulos. Ningún lugar es demasiado ordinario. Nadie está demasiado endurecido. Ningún lugar es demasiado lejano. No existe ninguna persona que él no pueda alcanzar. No hay límite para su amor.

Cuando Cristo nació, nació también nuestra esperanza.

⊗⊗⊗

Cuando Cristo nació, nació también<br>
nuestra esperanza.

⊗⊗⊗

Por eso me encanta la Navidad. La ocasión nos invita a creer en la promesa más descabellada: Dios se hizo uno de nosotros para que pudiéramos llegar a ser uno con él. Él eliminó toda barrera, cerca, pecado, curvatura, deuda y tumba. Cualquier cosa que hubiera podido mantenernos lejos de él fue derribada. Él solo espera que pronunciemos la palabra para entrar por la puerta.

Invítalo a entrar. Escóltalo hasta la silla de honor, y hala la silla para que se siente. Limpia la mesa; limpia el calendario. Llama a los chicos y a los vecinos.

Llegó la Navidad. Cristo está aquí.

Solo tienes que pedirlo, y Dios hará otra vez lo que hizo entonces: derramará luz eterna sobre la noche. Él nacerá en ti.

Escucha mientras Dios susurra: «No hay enredo que me haga retroceder; no hay olor que me desanime. Vivo para vivir en una vida como la tuya. Cada corazón puede ser un pesebre. Cada día puede ser una Navidad. Permite que se cante "Noche de paz" en las noches de verano. Permite que el Adviento ilumine el frío otoñal. El milagro de la Navidad es una celebración de todo el año».

Permite que esta sea tu oración:

## Mi corazón, tu pesebre

Como el establo donde estás,
mi corazón, como el heno, es sencillo y frágil.
Pero, si permanecieras en mí,
haz de mi corazón tu pesebre, es mi ruego a ti.
Haz de mi mundo tu Belén,
con el Hijo del cielo en el centro de él.
Haz de esta noche un cielo pastoral,
que resplandece a prisa ante el alba celestial.
Agita el aire con alas de querubín.
Roza esta tierra. Que canten ángeles.
Quiero ver tu rostro. Quiero probar tu gracia.
Nace en este lugar.
Es mi oración a ti.
Amén.

A CAUSA DE

# Belén

Guía para devocionales durante el Adviento

Preparada por Christine Anderson

ada año, el Adviento nos invita a preparar nuestros corazones una vez más para el regalo: ¡el regalo de que algo demasiado bueno para ser verdad es aun así milagrosa y felizmente cierto! Y cada año tenemos la oportunidad de responder sí a la invitación, de preparar nuestros corazones para el milagro de Emanuel, Dios con nosotros.

La palabra *adviento* se origina del latín *adventus* y significa simplemente «venida» o «llegada». El Adviento comienza cada año el cuarto domingo antes de Navidad, que es el domingo más cercano al 30 de noviembre. Es una temporada en la que los cristianos alrededor del mundo celebran el primer Adviento, el nacimiento de Jesús, y también anticipan el segundo Adviento, el regreso de Cristo. Aunque a veces los temas de Adviento pueden variar, los que se siguen más a menudo durante las cuatro semanas de Adviento son esperanza, paz, alegría y amor.

Esta guía incluye cinco devocionales: uno para cada una de las cuatro semanas de Adviento y uno para Nochebuena/Navidad. Cada devocional incluye:

- *Texto bíblico.* Los pasajes bíblicos que se leen tradicionalmente durante cada semana de Adviento son tomados del Antiguo y el Nuevo Testamentos, e incluyen porciones de los Salmos, los libros proféticos, las epístolas y los evangelios.

- *Preguntas para reflexionar.* Inspiradas en los temas de las Escrituras y en pasajes relacionados de *A causa de Belén*, se plantean preguntas para ayudarte a explorar la intersección entre tu vida y el tema de Adviento para cada semana.
- *Oración de Adviento.* Estas oraciones cortas y simples son de las que puedes guardar en tu bolsillo y llevar contigo adondequiera que vayas. Óralas con frecuencia como un medio de traer la promesa del tema de cada semana a cada circunstancia que encuentres.
- *Práctica de Adviento.* Estas prácticas proveen una oportunidad de explorar y responder a lo que has aprendido. Cada semana incluye opciones para ayudarte a profundizar tu experiencia acerca del tema de esa semana.

Mientras reflexionas en el milagro del nacimiento de Cristo y en la promesa de su regreso, esperamos que puedas experimentar el verdadero significado de la Navidad, Emanuel, Dios con nosotros... *Dios contigo.*

# Semana 1: Esperanza

———— ⌾⌾⌾ ————

El pesebre nos invita, incluso nos reta
a creer que lo mejor todavía está por
venir. Y todo podría comenzar hoy.

En Adviento se nos invita a sumergirnos en la esperanza. La esperanza bíblica no es una ilusión. Es la seguridad inquebrantable de que podemos confiar en Dios. Es la confianza en que Dios siempre está obrando en nuestro favor (Romanos 8.24–25, 28), asegurándonos que las promesas de Dios son ciertas aun cuando estemos esperando por su cumplimiento. Como nuestra esperanza es segura, esperamos pacientemente, no con inquietud, confiando en que Dios ya está obrando para proveer la luz que buscamos, la ayuda que necesitamos y la liberación que anhelamos.

## Texto bíblico
Salmos 80.1–7, 17–19
Isaías 2.1–5
Romanos 13.11–14
Marcos 13.24–37

## Preguntas para reflexionar

1. El Adviento es la temporada para buscar: buscar luz, buscar rescate, buscar todo lo bueno que ha sido prometido. Cada pasaje bíblico refleja algún aspecto de esta búsqueda ávida y esperanzadora. El salmista le implora a Dios: «Haz resplandecer tu rostro, y seremos salvos» (Salmos 80.3). El profeta Isaías encomienda al pueblo de Dios: «¡Caminemos a la luz del Señor!» (Isaías 2.5 DHH). El apóstol Pablo provoca a sus lectores con la orden: «Despierten del sueño [...] pongámonos la armadura de la luz» (Romanos 13.11, 12 NVI). Y Jesús insta repetidamente a sus seguidores: «¡Manténganse en guardia! ¡Estén alerta!» (Marcos 13.33, 35 NTV).

   - ¿Con cuál de estas cuatro directrices de las Escrituras te identificas más en este momento? ¿Por qué?
   - El énfasis en la luz y la vigilancia indirectamente reconoce otras realidades menos favorables, tales como la oscuridad, el peligro, el letargo, el agotamiento. Mientras esperas las semanas previas a la Navidad, ¿qué «realidades menos favorables» podrías enfrentar?
   - La respuesta para la oscuridad es la luz, para el peligro es el rescate, para el letargo es la vitalidad, para el agotamiento es el descanso. ¿Cuál de estos sientes que

necesitas más para los días y las semanas que tienes por delante?

2. El profeta Isaías describe una visión amplia de lo que ocurrirá cuando la esperanza del Mesías venidero se materialice: las naciones «forjarán sus espadas en rejas de arado y sus lanzas en herramientas para podar. No peleará más nación contra nación, ni seguirán entrenándose para la guerra» (Isaías 2.4 NTV). Cuando el Mesías reine, los guerreros se convertirán en agricultores, los soldados cosecharán vegetales y los soldados de caballería ararán la tierra.

- ¿De qué maneras la temporada navideña (o el estrés de la vida diaria) saca a relucir la pelea en ti; tus instintos de guerrero/soldado? ¿Cuáles son tus armas preferidas, tu equivalente a las espadas y las lanzas?

- Para que el Mesías reine en tu vida en este Adviento y esta Navidad, ¿en qué situaciones o relaciones tendrías que bajar tus armas? ¿Cuáles son tus equivalentes a las rejas de arado, las herramientas para podar y no seguir entrenando para la guerra? O, ¿cómo podrías intercambiar tus armas por la «armadura de la luz» (Romanos 13.12 NVI)?

3. En el Adviento, la esperanza nos llena de expectación: ¡el Rey viene y queremos que todo en nuestra vida esté listo para recibirlo! Max lo plantea así: «Si supieras que Jesús regresa mañana, ¿qué harías hoy? ¡Entonces hazlo! Vive de tal manera que no tengas que cambiar tus planes» (página 101).

- Permítete imaginar que Jesús, literalmente, va a visitar tu casa. Tienes cuatro semanas para prepararte. Si quisieras dar lo mejor de ti y disfrutar plenamente la visita, ¿cómo te prepararías?

*Me prepararía físicamente...*

*Me prepararía relacionalmente...*

*Me prepararía emocionalmente...*

*Me prepararía financieramente...*

*Me prepararía espiritualmente...*

*Otro:*

- ¿De qué maneras, si alguna, necesitarías reorganizar tu vida o tu itinerario para hacer posible este tipo de preparación? ¿Qué sería lo que probablemente subirías en tu lista de prioridades y qué bajarías?

- La cultura en los tiempos de Jesús valoraba muchísimo la hospitalidad. Entre otras cosas, darle la bienvenida a un invitado de honor incluiría saludarlo con un beso, verter aceite sobre su cabeza y proveer agua para el lavado de los pies (Lucas 7.44–46). Juntos, estos gestos creaban una cálida bienvenida de manera que los invitados no solo se sentían renovados y respetados, sino que también el anfitrión deseaba y disfrutaba de su presencia. ¿Qué viene a tu mente cuando piensas en darle la bienvenida a Jesús de una manera que le haga sentir no solo renovado o adorado, sino que también deseas y disfrutas genuinamente de su presencia? ¿De qué forma, si alguna, podría esto cambiar tus preparativos?

4. Max escribe: «El pesebre [...] nos invita, incluso nos reta a creer que lo mejor todavía está por venir. Y todo podría comenzar hoy» (página 8). Si el Adviento y la Navidad fueran todo lo que anhelas para este año, ¿qué palabras o frases usarías para describirlos?

## Oración de Adviento

Ven, Señor Jesús. Mi esperanza está en ti.

## Práctica de Adviento

Considera usar una o más de las siguientes opciones para ayudarte a practicar y experimentar la esperanza esta semana.

- Entrena tu corazón para buscar la luz de Cristo entrenando tus ojos para fijarse en todas las luces que te rodean a lo largo del día; todo desde el amanecer hasta las luces navideñas, hasta la pequeña lucecita al fondo de la nevera. ¿Estás atascado en el tráfico de la hora pico? Permite que las luces de freno del auto de enfrente sean el aviso para elevar tu Oración de Adviento: *Ven, Señor Jesús. Mi esperanza está en ti.* Si te resulta útil, mantén una lista de luces diaria o usa tu teléfono celular para tomar fotos de todas las luces que te instan a invitar a la luz y la esperanza de Cristo a cada momento de tu día.

- Separa tiempo para prepararte. Repasa brevemente tus respuestas a la pregunta 3, y lleva a cabo uno o más de los preparativos que identificaste. Por ejemplo: *Me prepararía físicamente durmiendo ocho horas todas las noches.* Luego, revisa tu itinerario de la(s) siguiente(s) semana(s) y haz cualquier ajuste necesario que te permita prepararte, recibir y realmente disfrutar la venida de Cristo.

- Crea o compra una corona de Adviento sencilla para marcar el avance del Adviento de una semana a otra. Enciende la(s) vela(s) apropiada(s) cada domingo.

Puedes también reencenderlas durante la semana cuando ores cada día o al momento de la cena como un recordatorio de que la luz de Cristo siempre está presente contigo. Si esta no ha sido una tradición en tu hogar, este es un buen momento para comenzar una tradición anual de adviento con tu familia.

## Himno de Adviento

¡OH, PUEBLECILLO DE BELÉN!

¡Oh, pueblecillo de Belén, durmiendo en dulce paz!
Los astros brillan sobre ti con suave claridad;
mas en tus quietas calles hoy surge eterna luz,
y la promesa de Emanuel se cumple en Jesús.

Al niño que ha nacido hoy el coro celestial
entona con sonora voz un cántico triunfal,
¡el santo nacimiento, estrellas, proclamad;
a Dios el Rey cantad loor; honor y gloria dad!

El Santo Niño de Belén es nuestro Salvador,
quien por su sangre perdonó el mal con tanto amor;
unimos nuestras voces al coro angelical
y proclamamos por doquier su gloria celestial.

Letra: Phillips Brooks (1867)

❧

Que el Dios de la esperanza los llene de toda alegría y paz
a ustedes que creen en él, para que rebosen de esperanza
por el poder del Espíritu Santo.

Romanos 15.13 NVI

❧

¡Gracias a Dios por su don inefable!

2 Corintios 9.15 NVI

Tener esperanza no significa no hacer nada [...] Es lo contrario a las manipulaciones desesperadas y llenas de pánico, a escabullirse y preocuparse. Y tener esperanza tampoco es soñar. No es idear una ilusión o fantasía que nos proteja de nuestro aburrimiento o nuestro dolor. Tener esperanza es una expectativa confiada y alerta de que Dios hará lo que dijo que iba a hacer. Es la imaginación puesta en las riendas de la fe. Es la disposición para dejar que Dios lo haga a su manera y en su tiempo.

Eugene H. Peterson,
*Una obediencia larga en la misma dirección*

El mensaje de la Navidad es que hay esperanza para una humanidad arruinada —esperanza de perdón, esperanza de paz con Dios, esperanza de gloria— porque por voluntad del Padre, Jesús se hizo pobre y nació en un establo para que treinta años después pudiera colgar de una cruz.

J. I. Packer, *El conocimiento del Dios santo*

Para preparar nuestros corazones para la Navidad debemos cultivar el espíritu de expectativa.

Handel H. Brown, *Keeping the Spirit of Christmas*

La esperanza es paciencia con la lámpara encendida.

Tertuliano

# Semana 2: Paz

⸺ ∞ ⸺

Cristo vino a traer paz en la tierra y
buena voluntad para todos.

*A*sí como los antiguos israelitas anhelaban la venida
del Mesías que pondría todas las cosas en orden, los
cristianos anhelamos el regreso de Cristo, nuestro Rey, quien
regresará otra vez en gloria. Sin embargo, de igual modo que el
regreso de Cristo es un día de promesa, también es un día de
juicio (Romanos 14.10–12; 2 Timoteo 4.1). Mientras anticipamos con mucha expectativa el Segundo Adviento, hagamos una
pausa para considerar si estamos listos para la venida de Cristo
reflexionando en nuestra necesidad de arrepentimiento de cualquier cosa que nos impida estar en paz con Dios.

## Texto bíblico
Salmos 85.1–2, 8–13

Isaías 40.1–11
2 Pedro 3.8–15a
Mateo 3.1–12

## Preguntas para reflexionar

1. Los pasajes bíblicos seleccionados contraponen varias realidades sobre la venida de Cristo:

> Él vendrá como un Señor Soberano *y* como un pastor que guía con delicadeza (Isaías 40.10–11).

> Él vendrá para destruir *y* para construir. Él destruirá los cielos y la tierra; y todo y todos quedarán sometidos a juicio; y él creará un cielo nuevo y una tierra nueva donde reinará la justicia (2 Pedro 3.10, 13).

> Él vendrá para separar *y* para juntar. Así como un agricultor separa el trigo de la paja en la siega, así Cristo cernirá su cosecha, quemará la paja con fuego y juntará el trigo en el granero (Mateo 3.12).

> Su reino se caracterizará por su inagotable amor *y* su inquebrantable verdad (Salmos 85.10).

- ¿Cuál es tu respuesta inicial a estos pares que de otra manera podrían considerarse opuestos? ¿Cuál de estos conflictos parece más difícil de reconciliar?
- De estas descripciones, ¿cuál tiene más sentido para ti?
- ¿De qué manera has experimentado recientemente estas realidades duales en tu relación con Cristo? Por ejemplo, ¿cómo Cristo ha sido para ti un Señor

Soberano y un pastor que guía con delicadeza? ¿Cómo una experiencia de juicio (o convicción) ha sido también una experiencia de renovación? ¿Cómo una verdad inquebrantable es también una forma de inagotable amor?

- Durante esta temporada de Adviento, ¿cómo estos principios divinos impactan tu comprensión de cómo prepararte para la venida de Cristo?

2. El salmista escribe: «Presto mucha atención a lo que dice Dios el SEÑOR, pues él da palabras de paz a su pueblo fiel», y luego añade esta advertencia: «Pero no le permitas volver a sus necios caminos» (Salmos 85.8 NTV).

- Para el salmista, experimentar paz requiere escuchar cuidadosamente a lo que Dios está diciendo. Identifica brevemente las situaciones o las relaciones en las que estás más consciente de tu necesidad de paz. ¿Qué dificulta el que escuches cuidadosamente lo que Dios podría estar diciéndote en estas áreas?

- La paz también está conectada íntimamente con la justicia (Salmos 85.10), la fidelidad y el negarse a regresar a los caminos necios. ¿Cómo estas anclas para alcanzar la paz te ayudan a experimentar o entender mejor la paz de Dios en tu vida personal?

3. En el capítulo 3, Max describe un encuentro con un par de muchachos adolescentes que lo sacó de sus casillas. Al reflexionar sobre la causa de su inusual conducta, él escribe:

Me gustaría atribuir la culpa de mi conducta a mi estado mental, al estrés del tráfico, al chofer que por poco choca mi auto, o al pasajero que me sacó de mis casillas. Sin embargo, solo puedo echarle la culpa de mi disparatado comportamiento a una cosa. Al punk en mi interior. Por unos pocos minutos en un semáforo cerca de un centro comercial, olvidé quién yo era.

Y olvidé quién era el adolescente [...] Era un patán irrespetuoso, y le permití que sacara a la superficie al patán irrespetuoso en mí. (página 26)

- Piensa en alguna experiencia reciente en la que te diste cuenta de que «ese no era yo» o «simplemente no actué como soy yo».
- ¿A qué quisiste echarle la culpa de tu comportamiento?
- ¿Qué «olvidaste» sobre ti mismo y los demás?

4. «Bajo las circunstancias correctas harás algo incorrecto», escribe Max. «No querrás hacerlo. Tratarás de evitarlo, pero lo harás. ¿Por qué? Porque tienes una naturaleza pecaminosa» (página 26).

- ¿Cuáles son tus «circunstancias correctas»; las condiciones bajo las cuales eres propenso a hacer algo incorrecto?
- ¿Qué tres palabras o frases te describen mejor cuando estás bajo mucho estrés o en tus circunstancias correctas? ¿Cómo difieren estas características de la persona que sientes que eres realmente, o de la persona que deseas ser?
- «Jesús no solo hizo una obra *por* nosotros», escribe Max, «él hace una obra *en* nosotros» (página 29). En otras palabras, Jesús no solo nos salva, él quiere cambiarnos. ¿Tiendes a enfocarte más en el hecho de

que Jesús te salvó o en el hecho de que Jesús quiere cambiarte? ¿Por qué?

5. Una tarea fundamental del Adviento, y de la vida cristiana en general, es esforzarse por conseguir la paz con Dios; vivir hoy con nuestro mañana eterno siempre en mente. El apóstol Pedro escribió:

> Dado que todo lo que nos rodea será destruido de esta manera, ¡cómo no llevar una vida santa y vivir en obediencia a Dios, esperar con ansias el día de Dios y apresurar que este llegue! [...] mientras esperan que estas cosas ocurran, hagan todo lo posible para que se vea que ustedes llevan una vida pacífica que es pura e intachable a los ojos de Dios. (2 Pedro 3.11–12, 14 NTV)

Con frecuencia quedamos atrapados en el ajetreo de nuestro *hacer*. El tiempo es corto y nuestras listas de tareas por hacer son largas, en especial durante los días festivos. Sin embargo, este pasaje nos invita a enfocarnos en nuestro *ser* —específicamente, en la persona que queremos llegar a ser.

- ¿Cómo podría cambiar tu experiencia de Adviento este año si priorizaras tu ser —la persona en la que quieres convertirte— sobre tu hacer?

- Cuando te permites «esperar con ansias el día de Dios», ¿qué pensamientos se agitan en tu interior? ¿Qué esperanzas enciende esto para el tipo de persona que más deseas llegar a ser?

## Oración de Adviento

Ven, Señor Jesús. Tú eres mi paz.

## Práctica de Adviento

Considera usar una o más de las siguientes opciones para ayudarte a practicar y experimentar la paz esta semana.

- Haz una lista de *soy* o *quiero ser*, y mantenla con tu lista de tareas pendientes. Relee 2 Pedro 3.11–14. En la libreta o el aparato electrónico que típicamente utilizas para crear tu lista diaria o semanal de tareas pendientes, escribe algunas frases o afirmaciones que describan a la persona que quisieras ser. Por ejemplo: *Quiero ser el conciliador en mis relaciones*; *quiero ser una presencia amorosa*, o *quiero ser alguien que prioriza a las personas sobre los proyectos*. Refiérete a tu lista de «quiero ser» cada vez que te refieras a tu lista de tareas pendientes, o por lo menos una vez al día, como una forma de mantener tu enfoque en estar en paz con Dios.
- Separa un momento específico en tu calendario esta semana para la introspección y confesión. Ante la amorosa presencia de Dios, reflexiona en las maneras en las que careces de paz con Dios. Tal vez se relaciona con hábitos de pensamiento o conducta, relaciones o circunstancias. Con especificidad, reconoce tu culpa: lo que has hecho o dejado de hacer. Expresa tu pesar y tristeza, pídele fortaleza a Dios para corregir lo que haga falta, pedir disculpas o restituir cuando sea apropiado hacerlo, y evita repetir estas faltas en el

futuro. Acepta el perdón de Dios y dale las gracias por concederte su paz.

- Haz una revisión de paz todos los días. Al igual que un entrenador y los deportistas a veces miran los vídeos de los partidos del día con el propósito de repasar y mejorar sus destrezas, imagina que tú y Jesús están mirando la repetición en vídeo del día anterior. Al reflexionar en tu mañana, tarde y noche, considera estas dos preguntas: *¿De qué maneras experimenté paz con Dios y con los demás? ¿De qué maneras fracasé en el intento de experimentar paz con Dios y los demás?* Utiliza una libreta de notas o un diario para escribir tus observaciones. Invita a Jesús en oración para que te entrene en cómo buscar y experimentar la paz con Dios y con los demás en el día de mañana.

# Himno de Adviento

## OH VEN, OH VEN, REY EMANUEL

Oh ven, oh ven, Rey Emanuel
Rescata ya a Israel,
Que llora en su desolación
Y espera su liberación.
Vendrá, vendrá, Rey Emanuel,
Alégrate, oh Israel.

Sabiduría celestial,
Al mundo hoy ven a morar;
Corrígenos y haznos ver
En ti lo que podemos ser.
Vendrá, vendrá, Rey Emanuel,
Alégrate, oh Israel.

Anhelo de los pueblos, ven;
En ti podremos paz tener;
De crueles guerras líbranos,
Y reine soberano Dios.
Vendrá, vendrá, Rey Emanuel,
Alégrate, oh Israel.

Ven tú, oh Hijo de David,
Tu trono establece aquí;
Destruye el poder del mal.
¡Visítanos, Rey celestial!
Vendrá, vendrá, Rey Emanuel,
Alégrate, oh Israel.

Letra: Himno tradicional latino; traducido por Federico J. N. Pagura.

—⊗∞⊗—

Pues nos ha nacido un niño, un hijo se nos ha dado [...] y será llamado: Consejero Maravilloso, Dios Poderoso, Padre Eterno, Príncipe de Paz.

Isaías 9.6 NTV

—⊗∞⊗—

En consecuencia, ya que hemos sido justificados mediante la fe, tenemos paz con Dios por medio de nuestro Señor Jesucristo. También por medio de él, y mediante la fe, tenemos acceso a esta gracia en la cual nos mantenemos firmes. Así que nos regocijamos en la esperanza de alcanzar la gloria de Dios.

Romanos 5.1–2 NVI

—⊗∞⊗—

Dios bendice a los que procuran la paz, porque serán llamados hijos de Dios.

Mateo 5.9 NTV

—⊗∞⊗—

Entonces le dijo Jesús a ella:
—Tus pecados quedan perdonados [...] vete en paz.

Lucas 7.48, 50 NVI

—⊗∞⊗—

La paz [es] el descanso de la voluntad que resulta de la certeza acerca de cómo saldrán las cosas.

Dallas Willard, «Willard Words», dwillard.org

———∞∞∞———

Fue él quien nos creó, no nosotros a nosotros mismos; nos hizo de su paz para vivir en paz, de su luz para morar en luz, de su amor para que, sobre todo lo demás, seamos amados y amemos.

Frederick Buechner, *Secrets in the Dark*

# Semana 3: Alegría

¡Que haya júbilo, celebración y fiesta!

Nuestra esperanza es segura, tenemos paz con Dios y el Mesías viene para arreglar todo lo que está mal en nuestro mundo plagado de pecado. Toda lágrima será enjugada, cada corazón lastimado será curado, todo cuerpo quebrantado será sanado, cada relación hecha pedazos será restaurada. Somos preciados hijos e hijas del Dios Altísimo. La única respuesta razonable al extravagante amor y bondad de Dios es alegría... ¡alegría pura!

**Texto bíblico**
Salmos 126
Isaías 61.1–4, 8–11
1 Tesalonicenses 5.16–24
Mateo 11.2–11

## Preguntas para reflexionar

1. Aun cuando describen la alegría, los escritores bíblicos no encubren la maldad ni el sufrimiento. Los pasajes seleccionados reconocen una gran variedad de realidades y condiciones sombrías, entre ellas:

| | | |
|---|---|---|
| Lágrimas | Encarcelamiento | Toda clase de mal |
| Lloro | Cenizas | Ceguera |
| Luto | Ruinas | Cojera |
| Sufrimiento | Devastaciones | Sordera |
| Pobreza | Vergüenza | Lepra |
| Aflicción | Robo | Muerte |
| Cautividad | Iniquidad | |

Max describió tales intrusiones inoportunas en nuestras vidas como «interrupciones». ¿Y el impacto? «Pueden provocar miedo y ansiedad», escribe. «Nos pueden robar el sueño y la alegría. Pueden provocar que cuestionemos a Dios, y hasta le volvamos la espalda» (página 35).

- ¿Cuál de las palabras o frases en la lista describe mejor la «interrupción» más reciente que has experimentado, o la que estás experimentando ahora?
- ¿Cómo te ha impactado esta interrupción? Por ejemplo, considera el impacto emocional, físico, relacional, financiero, etc.
- Max caracteriza la Navidad como una «temporada de interrupciones». ¿De qué maneras, si alguna, la temporada navideña complica o intensifica el impacto de tu interrupción? ¿De qué maneras, si alguna, los días festivos ayudan a aliviar tu carga?

- ¿Cómo describirías tu conciencia y experiencia de Dios durante esta situación? Por ejemplo, ¿parece que Dios está especialmente cerca o distante? ¿Sientes que te acercas a Dios, te alejas de Dios o vacilas?

2. El salmista utiliza imágenes de semillas y cosecha para describir el milagro de cómo Dios recoge alegría del sufrimiento (Salmos 126.5–6). El autor y pastor Eugene Peterson lo resume así: «Todo sufrimiento, todo dolor, todo vacío, toda desilusión es semilla: siémbrala en Dios y él, finalmente, traerá una cosecha de alegría de ella».[1] Esta es la misma verdad de resurrección que el apóstol Pablo describe en su primera carta a la iglesia en Corinto:

Lo que se entierra es corruptible; lo que resucita es incorruptible. Lo que se entierra es despreciable; lo que resucita es glorioso. Lo que se entierra es débil; lo que resucita es fuerte. (1 Corintios 15.42–43 DHH)

Si pensamos en las dificultades de esta vida como semillas, tenemos por lo menos tres opciones de lo que podemos hacer con ellas. Podemos:

*Negarnos a sembrarlas.* Nos aferramos a nuestras dificultades y a nuestra vida tal como está.

*Sembrarlas en Dios.* Entregamos nuestras dificultades y nuestras vidas en fe, confiando en que Dios puede y producirá una cosecha de alegría y de vida nueva.

*Sembrarlas en algo distinto a Dios.* Escogemos el terreno poco profundo de las distracciones o las conductas autodestructivas con la esperanza de obtener una cosecha de alivio rápido. Como admite Max: «Así que compramos hasta más no poder, bebemos hasta que no podemos pensar, trabajamos hasta que no podemos parar» (página 119).

- ¿Cómo te identificas con cada una de estas tres opciones? ¿Cuál describe con más exactitud la manera en que estás lidiando con la(s) situación(es) que identificaste en la primera pregunta?

- Max nos lleva a Salmos 11.3 y a una pregunta antigua que resuena hoy día: «Cuando los fundamentos son destruidos, ¿qué le queda al justo?» (NVI). ¿Qué se está destruyendo en nuestro mundo hoy? ¿Qué se está destruyendo en tu mundo personal? Enumera los retos que enfrenta la humanidad. ¿Qué interrupciones están amenazando tu paz personal? Responde la pregunta de Max: «¿Cuál es la respuesta divina a los inesperados contratiempos y calamidades de la vida?».

  Dios ha hecho un negocio de transformar la tragedia en triunfo. ¿De qué forma las vidas de José, Moisés, Daniel y Jesús te retan y te alientan? ¿Cómo tus encuentros personales con la adversidad te llevan a entender mejor los sufrimientos de Cristo?

3. El salmista repasa las maravillas que Dios ha hecho en el *pasado* y concluye: «¡Así es, el Señor ha hecho maravillas por nosotros! ¡Qué alegría!» (Salmos 126.3 NTV). Cuando el profeta Isaías considera cómo Dios ya lo ha salvado, y también espera con ansias lo que Dios hará en el *futuro*, él responde: «¡Me llené de alegría en el Señor mi Dios!» (Isaías 61.10 NTV). Cuando de alegría se trata, el apóstol Pablo dice que no hay ningún tiempo como el *presente*: «Estén siempre alegres» (1 Tesalonicenses 5.16 NVI). La alegría es una viajera en

el tiempo. Ella escudriña constantemente el calendario —desde la historia antigua hasta el infinito y más allá— y establece el campamento en cada ocasión y en cada promesa de la abundante bondad de Dios.

- ¿En qué plazo de tiempo se te hace más fácil acceder y experimentar alegría: el pasado, el presente o el futuro? ¿En qué plazo de tiempo es más retador para ti acceder y experimentar alegría?

- El Adviento es una temporada de viaje en el tiempo. Existe alegría al recordar al Cristo niño que Dios nos regaló, alegría al celebrar la presencia de Dios con nosotros ahora, y alegría al anticipar el Segundo Adviento del regreso de Cristo. ¿Cuál de estas tres fuentes de alegría resuena más en ti en este Adviento? ¿Por qué?

## Oración de Adviento
Ven, Señor Jesús. Sé mi alegría.

## Práctica de Adviento
Considera usar una o más de las siguientes opciones para ayudarte a practicar y experimentar alegría esta semana.

- Planta una semilla como una expresión de confianza en que, del mismo modo que Dios traerá una planta de esa semilla, así traerá una cosecha de alegría de las semillas de cada dificultad que siembres en él. Durante la temporada navideña con frecuencia se regalan bulbos de amarilis. Típicamente los venden en tiestos, crecen muy bien dentro de la casa y solo necesitan un poco de sol y agua para que crezcan y florezcan. Sin embargo, cualquier semilla es buena para este propósito, ¡hasta semillas de grama! Sigue las instrucciones para plantar y cultivar tus semillas dentro de la casa, y permite que el proceso de siembra, espera y crecimiento sea un referente para tus propias reflexiones y crecimiento en alegría.

- Decide embarcarte en un «viaje en el tiempo» para buscar alegría. Usa tu diario o una libreta de notas para crear una tabla con tres columnas. Rotula cada columna escribiendo «Pasado», «Presente», «Futuro». En cada columna, escribe por lo menos dos o tres formas en las que reconoces la abundante bondad de Dios para ti; todas las veces en las que él ha obrado en tu favor en el pasado, presente y futuro. Luego escribe en cada columna cualquier pregunta que quieras hacerle a Dios, o cualquier forma en la que te cuesta trabajo reconocer la bondad de Dios para ti durante ese periodo de tiempo. Concluye tu tiempo con oración y preséntale tu tabla a Dios. Exprésale tu alegría por su bondad hacia ti, confíale a él todas tus preguntas y pídele ayuda para ver la luz de su bondad aun en los lugares oscuros.
- Mientras reflexionas en la «interrupción» del aborto espontáneo de Jenna, pídele a Dios que te recuerde a alguna pareja joven que esté pasando por una temporada de tristeza similar. Ora por ellos. Pídele a Dios que te muestre cómo podrías servir de consuelo y aliento para ellos en los próximos días.

## Himno de Adviento

### ¡OH SANTÍSIMO, FELICÍSIMO!

¡Oh santísimo, felicísimo,
Grato tiempo de Navidad!
Cristo el prometido
Ha por fin venido:
¡Alegría, alegría, cristiandad!

¡Oh santísimo, felicísimo,
Grato tiempo de Navidad!
Al mortal perdido,
Cristo le ha nacido:
¡Alegría, alegría, cristiandad!

¡Oh santísimo, felicísimo,
Grato tiempo de Navidad!
Coros celestiales
Oyen los mortales:
¡Alegría, alegría, cristiandad!

¡Oh santísimo, felicísimo,
Grato tiempo de Navidad!
Cántanle loores
Magos y pastores:
¡Alegría, alegría, cristiandad!

¡Oh santísimo, felicísimo,
Grato tiempo de Navidad!

Tan dichosa nueva
Al mortal conmueva:
¡Alegría, alegría, cristiandad!

¡Oh santísimo, felicísimo,
Grato tiempo de Navidad!
Príncipe del cielo,
Danos tu consuelo:
¡Alegría, alegría, cristiandad!

Autor: Johannes Daniel Falk;

traducido por Federico Fliedner

Todo lo que has hecho por mí, Señor, ¡me emociona!
Canto de alegría por todo lo que has hecho.

Salmos 92.4 NTV

Me has dado a conocer la senda de la vida; me llenarás
de alegría en tu presencia, y de dicha eterna a tu
derecha.

Salmos 16.11 NVI

No os entristezcáis, porque la alegría del Señor es vuestra
fortaleza.

Nehemías 8.10 LBLA

La alegría se alimenta con anticipación [...] Igual que la alegría toma el pasado como punto de partida, también toma prestado del futuro. Ella espera que ciertas cosas ocurran.

Eugene H. Peterson,
*Una obediencia larga en la misma dirección*

La alegría tiene una historia. La alegría es la experiencia comprobada y repetida de los que están involucrados en lo que Dios está haciendo.

Eugene H. Peterson,
*Una obediencia larga en la misma dirección*

La alegría verdadera, la felicidad y la paz interior provienen de darse uno mismo a los demás. Una vida feliz es una vida para otros.

Henri J. M. Nouwen, *Life of the Beloved*

# Semana 4: Amor

En realidad todo se resume en eso: Dios nos ama.

*E*l apóstol Juan escribe: «Nosotros le amamos a él, porque él nos amó primero» (1 Juan 4.19). Dios siempre toma la iniciativa: él bendice primero, sirve primero, consuela primero y, sobre todo, ama primero. Y luego depende de nosotros: ¿cómo responderemos? En Adviento, mientras que casi todo el mundo a nuestro alrededor se enamora de distracciones y amores inferiores, nosotros buscamos descubrir otra vez nuestro primer amor, el «amor que descendió en Navidad»,[2] y luego compartir ese amor bendiciendo, sirviendo y consolando a otros.

## Texto bíblico
Salmos 89.1–4, 19–26
Miqueas 5.2–5a

Tito 3.3–8

Lucas 1.39–55

## Preguntas para reflexionar

1. Max escribe: «La historia de la Navidad es la historia del obstinado amor de Dios por nosotros. Permítele amarte [...] Puedes cuestionar sus acciones, decisiones o declaraciones. Pero nunca jamás cuestiones su chiflado, impresionante e inextinguible amor» (página 128).

   - Mientras reflexionas en tu relación con Dios, ¿cuándo dirías que has sido más consciente y has estado más seguro del amor de Dios por ti? ¿Cómo, específicamente, *le permitiste a Dios amarte*?

   - Aun cuando el amor de Dios siempre es evidente, a veces atravesamos épocas en que dudamos de él. ¿Qué, si hay algo, te ha llevado a cuestionar el amor de Dios por ti?

   - ¿Se te hace difícil permitirle a Dios amarte en esta época de tu vida? ¿Por qué?

2. Cuando se trata de expresar su asombro ante el amor de Dios, el salmista no puede evitar irrumpir en una canción:

Oh SEÑOR, por siempre cantaré
   la grandeza de tu amor;
por todas las generaciones
   proclamará mi boca tu fidelidad.
Declararé que tu amor permanece firme para siempre,
   que has afirmado en el cielo tu fidelidad.
      (Salmos 89.1–2 NVI)

Esta es la declaración de un corazón totalmente abierto que refleja el fervor y la devoción de un primer amor. El salmista en esencia le dice a Dios: *tu fiel amor es tan maravilloso, ¡que nunca dejaré de cantar sobre él!*

- Usando la temperatura como medida, ¿cuál de las siguientes afirmaciones describe mejor cómo está tu corazón en este momento?
- *Caliente.* Estoy tan maravillado del amor de Dios por mí que no puedo evitar compartirlo con otros.
- *Tibio.* Estoy comprometido con mi fe, pero ya no siento tanta pasión por Dios ni amor hacia los demás como antes.
- *Frío.* Me siento distante de o ambivalente con respecto a Dios.
- *Otro:*
- ¿Qué conexiones podrías establecer entre la afirmación que seleccionaste y tus respuestas a la primera pregunta? En otras palabras, ¿cómo tu disposición para permitir que Dios te ame afecta el grado en el que eres capaz de amar sin reservas a Dios y a los demás?

3. El apóstol Pablo intenta reavivar en sus lectores la llama del amor por Dios y por los demás, recordándoles cómo estaban antes de recibir el amor de Dios.

Nosotros éramos necios y desobedientes. Estábamos descarriados y éramos esclavos de todo género de pasiones y placeres. Vivíamos en la malicia y en la envidia. Éramos detestables y nos odiábamos unos a otros. Pero cuando se manifestaron la bondad y el amor de Dios nuestro Salvador, él nos salvó, no por nuestras propias obras de justicia sino por su misericordia. (Tito 3.3–5 NVI)

Jesús dijo: «Una persona a quien se le perdona poco demuestra poco amor» (Lucas 7.47 NTV). Pablo desea que sus lectores demuestren un gran amor, así que les recuerda cuánto les ha sido perdonado a ellos. Luego prosigue a explicar en detalle las implicaciones del amor sacrificial de Dios por nosotros:

> Quiero que lo recalques, para que los que han creído en Dios se empeñen en hacer buenas obras. Esto es excelente y provechoso para todos. (Tito 3.8 NVI)

- ¿Qué palabras o frases te vienen a la mente cuando piensas en quién eras antes de que le entregaras tu vida a Cristo y recibieras el amor de Dios? (Si esto se te hace difícil porque le entregaste tu vida a Cristo cuando eras niño, refiérete a la descripción del apóstol Pablo como punto de partida y considera en cambio la oscuridad de la que tu temprana relación con Dios te ha salvado).
- ¿Qué impacto tiene en ti el recordar quién eras antes de Cristo (o de lo que Cristo te ha salvado)? ¿De qué maneras, si alguna, esto aumenta tu conciencia acerca de tu amor por Cristo?

4. Max hace eco de la enseñanza del apóstol Pablo en el pasaje de Tito cuando escribe: «En el pesebre, Dios te ama; por medio de la cruz, Dios te salva. Pero ¿te ha llevado ya a casa? Todavía no. Él tiene una tarea para ti. Él quiere que el mundo vea lo que Dios puede hacer con las posesiones que ha comprado» (página 121).

- A la Madre Teresa se le atribuye la cita: «Es Navidad cada vez que dejas que Dios ame a otros a través de ti».

Recientemente, ¿cuándo has experimentado la «Navidad» porque Dios te amó a través de otra persona?

- ¿Qué palabras o frases usarías para describir a esta persona y su devoción por hacer buenas obras (Tito 3.8)? Basándote en su ejemplo, ¿cómo terminarías la siguiente oración? *Permitir que Dios ame a otros a través de mí significa...*

- ¿Cómo describirías la tarea que sientes que Dios desea que hagas en este momento; las maneras en las que él te puede estar invitando a hacer buenas obras y traer la «Navidad» a otros? O, ¿qué desearías que Dios pudiera hacer contigo, su posesión preciada?

## Oración de Adviento
Ven, Señor Jesús. Te amo.

## Práctica de Adviento
Considera usar una o más de las siguientes opciones para ayudarte a practicar el dar y el recibir amor esta semana.

- Enfoca tus pensamientos y oraciones diarias en tu relación de amor con Dios. Al inicio de cada día, invita a Dios a mostrarte cómo él te ama. Basándote en el ejemplo de Salmos 89, exprésale a Dios cuánto lo amas, enfocándote no solo en sus buenas dádivas, sino también en quién él es: amoroso, paciente, bueno, santo, etc. O, si te cuesta trabajo expresarle tu amor a Dios, explícale la razón y pídele que te ayude. Antes de que termine la semana, «hazlo público» como el salmista y comparte por lo menos con una persona algo que hayas aprendido sobre el amor de Dios por ti, tu amor por Dios, o alguna historia sobre cómo Dios te ha demostrado su amor durante esta semana. Si te parece útil, considera escribir tus oraciones diarias, tus expresiones de amor a Dios y cualquier comentario que tengas al esperar con ansiedad cada día a que Dios te demuestre cómo él te ama.

- El autor Glennon Doyle Melton escribe: «Cada vez que abrimos nuestra boca y hablamos, o estamos diciendo *que se haga la luz* o *que se haga la oscuridad*».[3] En el espíritu de Adviento, haz que el amor sea práctico esta semana buscando traer luz con cada palabra que pronuncies. Como recordatorio visual, tal vez quieras colocar una imagen de una estrella o una vela como diseño de fondo en tu computadora o teléfono, o quizás pegar algunas notas adhesivas alrededor de tu casa o lugar de trabajo que digan: «¡Habla luz!» o «¡Que se haga la luz!».

- Escoge una relación para enfocarte en esta semana. Pudiera ser tu cónyuge, un hijo, un padre, un compañero de trabajo, un amigo, etc. Filtra cada interacción con esta persona a través de una pregunta: *¿qué requiere el amor de mí en este momento?* Entonces, hazlo. Permite que el amor dicte tu conducta, tu lenguaje corporal, tus palabras, tus acciones. Escribe en una libreta de notas o en un diario tus observaciones diarias, y presta atención a cualquier reto u obstáculo, así como a cualquier cosa que notes acerca del impacto que tu compromiso de amar tiene en tu relación.

# Himno de Adviento

## ÁNGELES DE ALTA GLORIA

Ángeles de alta gloria,
Vuestras voces levantad;
Cristo ya nació, la historia
Pronto a todos proclamad.
Adoremos, Adoremos
Al recién nacido Rey.

Los pastores vigilando
Sobre su ganado están;
Dios en Cristo ya habitando
Con los hombres, mirarán.
Adoremos, Adoremos
Al recién nacido Rey.

Sabios, las meditaciones
Todas pronto abandonad;
Al Deseado de naciones
En pesebre vil mirad.
Adoremos, Adoremos
Al recién nacido Rey.

Los que a Cristo reverentes
Esperando verle están,
En su templo, muy fervientes
Contemplarle allí podrán.
Adoremos, Adoremos
Al recién nacido Rey.

Autor: James Montgomery (1816); traducido por George Simmonds

⸎

¡Fíjense qué gran amor nos ha dado el Padre, que se nos llame hijos de Dios! ¡Y lo somos!

1 Juan 3.1 NVI

⸎

Sobre todo revístanse de amor, que es el lazo de la perfecta unión.

Colosenses 3.14 DHH

⸎

[Jesús] no nos llama a hacer lo que él hizo, sino a ser como él fue: impregnado con amor. Entonces, el hacer lo que él hizo y dijo se convierte en una expresión natural de quienes somos nosotros en él.

Dallas Willard, *La divina conspiración*

⸎

El Padre celestial aprecia la Tierra y a cada ser humano en ella. El cariño, la estima, el respeto desinteresado y afectuoso de Dios hacia todas sus criaturas son el derramamiento natural de lo que él es en esencia; y lo que vanamente tratamos de capturar con nuestra harta pero indispensable vieja palabra «amor».

Dallas Willard, *La divina conspiración*

———∞———

Nos enseñó a amarnos unos a otros; su ley amor, su evangelio trae paz.

Placide Cappeau, «Santa la noche»

———∞———

Date la vuelta y cree que la buena noticia de que somos amados es mejor que lo que jamás nos atrevimos a esperar, y que creer en esa buena noticia, vivir según ella y hacia ella, estar enamorados de esa buena noticia, es de todas las cosas felices en este mundo, la más feliz de todas. Amén, y ven Señor Jesús.

Frederick Buechner, *The Clown in the Belfry*

# Nochebuena / Navidad

———— ∞∞∞ ————

Dios se hizo uno de nosotros para que
pudiéramos llegar a ser uno con él.

La alegría y la promesa de Navidad es que el milagro de Belén todavía ocurre. Dios todavía entra en la realidad de nuestras vidas cotidianas y desordenadas, y nos ama. Y por lo tanto, en este día, abrimos nuestro corazón de par en par para recibir al Cristo niño con alegría.

## Texto bíblico
Salmos 96
Isaías 9.2–7
Hebreos 1.1–12
Lucas 2.1–20

## Preguntas para reflexionar

1. El relato de Lucas sobre el nacimiento de Jesús incluye varios personajes y muchísima acción:

   *María y José* emprenden una larga jornada bajo condiciones adversas.

   *El niño Cristo* nace en un establo humilde.

   *El ángel del Señor* trae buenas noticias de gran gozo a los pastores.

   *Las huestes celestiales* cantan y alaban a Dios.

   *Los pastores* al principio sienten temor, pero luego reciben y comparten las buenas noticias, glorificando y alabando a Dios.

   *Todos* los que oían las buenas noticias se maravillaban.

   *María* atesora y medita en todo lo que ha experimentado.

   - Cuando lees el pasaje de Lucas 2, ¿qué personajes o circunstancias dirías que te representan mejor en tu relación con Jesús en estos momentos? Por ejemplo, al igual que María y José, tal vez te encuentras en medio de una jornada difícil con Cristo, y estás buscando refugio y descanso. Como el niño Cristo, quizás estés en circunstancias humildes o vulnerables, y anhelas consuelo y cuidado, etc.

   - ¿Cómo el personaje o la circunstancia que identificaste te ayuda a entender algo sobre lo que anhelas en tu relación con Cristo?

2. Lucas señala un contraste silente pero irresistiblemente fascinante cuando resaltó que «todos los que oyeron, se *maravillaron* [...] Pero María *guardaba* todas estas cosas, *meditándolas* en su corazón» (Lucas 2.18–19, énfasis mío).

- Maravillarse es asombrarse, sorprenderse o quedar atónito. Dependiendo de las circunstancias, es una experiencia que podría conducir a la admiración y el asombro, o a la conmoción y el desconcierto. El contraste que Lucas señala entre María y «todos» los que se maravillaron no sugiere que la respuesta de María es de alguna manera mejor; sin embargo, sí es notablemente distinta. Basándote en tus experiencias personales, ¿cómo describirías la diferencia entre las dos respuestas? ¿Qué cambia en ti cuando pasas de estar maravillado a una experiencia de guardar o meditar en esa experiencia?

- Las palabras griegas traducidas como «guardar» y «meditar» significan mantener seguro y cerca, proteger y preservar en la memoria, conservar en la mente de alguien o consultar consigo mismo. Durante las cuatro semanas de Adviento has tenido la oportunidad de reflexionar en muchas verdades sobre los regalos que recibimos de Cristo: *esperanza, paz, alegría* y *amor*. Al reflexionar en este recorrido de cuatro semanas, ¿qué perspectivas o experiencias profundas —con Dios y otros— quieres guardar? Identifica brevemente algunas y luego dedica un tiempo para meditar en ellas en la presencia de Dios, agradeciéndole por estos regalos e invitándolo a que te revele algo sobre él a través de ellos.

3. Max escribe: «Si el Rey estuvo dispuesto a entrar en el mundo de los animales, los pastores y los pañales, ¿no crees que él esté dispuesto a entrar en el tuyo? Él tomó tu rostro con la esperanza de que veas el de él» (página 20).

- Mientras esperas no solo tu celebración de Navidad, sino también los días y las semanas por venir, ¿en qué circunstancia o relación sientes la mayor necesidad de ver el rostro de Emanuel, Dios contigo?
- «Cuando Cristo nació, nació también nuestra esperanza [...] El pesebre nos invita, incluso nos reta a creer que lo mejor todavía está por venir. Y todo podría comenzar hoy» (páginas 135). ¿Qué es lo «mejor» que te atreverías a creer acerca de la circunstancia o relación que acabas de identificar? En actitud de oración rinde esta esperanza a Dios, confiando en que él ya está obrando para proveer la luz que buscas, la ayuda que necesitas y la liberación que anhelas.

## Oración de Navidad
Bienvenido, Señor Jesús. Haz de mi corazón tu hogar en este día.

## Práctica de Navidad
Dios creó la celebración; él es el autor de la alegría, el deleite y el alborozo. De hecho, Jesús describió el reino mismo como una gran fiesta a la que todo el mundo está invitado (Mateo 22.1–14). En Navidad, entrenamos nuestros corazones para el cielo celebrando a Jesús, el regalo milagroso de Dios. Y de la misma manera que Pablo y Silas escogieron cantar himnos aun cuando estaban encarcelados (Hechos 16.22–25), nosotros podemos escoger la alegría y la celebración en Navidad independientemente de nuestras circunstancias. La autora y pastora Adele Calhoun escribe:

El mundo está repleto de razones para sentirnos abatidos. Sin embargo, más profundo que la tristeza repiquetea el pulso continuo de la alegría de Dios; una alegría que todavía no ha visto su día eterno. El afirmar nuestros corazones en esta alegría nos recuerda que podemos escoger cómo respondemos ante cualquier momento particular. Podemos buscar a Dios en todas las circunstancias, o no hacerlo. Podemos buscar el pulso de la esperanza y la celebración porque es la realidad de Dios. El cielo está celebrando [...] Cada pequeña experiencia de Jesús con nosotros es como probar la alegría que está por venir. No estamos solos, y solo eso es razón para celebrar.[4]

Dios te invita hoy a escoger la alegría, a seguir las felices instrucciones del salmista: *¡Canten! ¡Alaben! ¡Anuncien! ¡Declaren! ¡Adoren!* (ver Salmos 96). Max lo explica de esta manera:

Por tu propio bien, haz lo que hicieron los ángeles: arma tremenda algarabía por la llegada del Rey [...] ¿Amas a Dios? Déjaselo saber. ¡Díselo! En voz alta. En público. Sin avergonzarte. ¡Que haya júbilo, celebración y fiesta! (páginas 63)

Y también puedes escoger la alegría en formas más silenciosas. Mantente alerta ante «cada pequeña experiencia de Jesús» con la que te topes, con la certeza de que, con frecuencia, Jesús se presenta en formas inesperadas. Guarda y medita en todas las maneras en que Cristo se te revela: en distintos eventos, música, cenas, relaciones, belleza y en el bienestar de su presencia a tu lado.

## Himno de Navidad

LOS HERALDOS CELESTIALES CANTAN

Los heraldos celestiales
Cantan con sonora voz:
¡Gloria al Rey recién nacido,
Que del cielo descendió!
Paz, misericordia plena,
Franca reconciliación
Entre Dios, tan agraviado,
Y el mortal que le ofendió.

La divinidad sublime
En lo humano se veló;
Ved a Dios morando en carne,
Y adorad al Hombre Dios.
Emanuel, Dios con nosotros,
A la tierra descendió:
Y hecho hombre con los hombres
Tiene ya su habitación.

Salve, Príncipe glorioso
De la paz y del perdón:
Salve a Ti que de justicia
Eres el divino Sol.
Luz y vida resplandecen
A tu grata aparición,
En tus blancas alas traes
Salvación al pecador.

Naces manso, despojado
De tu gloria y esplendor,
Porque no muramos todos
En fatal condenación.
Naces para que ya el hombre,
Tenga en Ti resurrección,
Naces para que renazca
A la vida el pecador.

Letra: Charles Wesley (1739) y George Whitefield (1758);

traducido por Pedro Castro

Aquel que es la Palabra habitó entre nosotros y fue como uno de nosotros.

Juan 1.14 TLA

Les traigo buenas noticias que darán gran alegría a toda la gente. ¡El Salvador —sí, el Mesías, el Señor— ha nacido hoy en Belén, la ciudad de David!

Lucas 2.10–11 NTV

Pues Dios amó tanto al mundo que dio a su único Hijo, para que todo el que crea en él no se pierda, sino que tenga vida eterna.

Juan 3.16 NTV

———⚬⚭⚬———

Siempre recibes tu milagro de Navidad. Recibes a Dios [...] Cristo es todo tu bien, y él es todo tuyo, y este es siempre todo tu milagro. No importa la aridez que sientas, siempre puedes tener tanto de Jesús como tú quieras.

Ann Voskamp, *The Greatest Gift*

———⚬⚭⚬———

El Hijo eterno se convirtió en niño para que así yo pudiera convertirme en niño otra vez y de esta manera entrar con él en el reino del Padre.

Henri J. M. Nouwen, *El regreso del hijo pródigo*

———⚬⚭⚬———

¿Quién puede añadirle a la Navidad? El motivo perfecto es que Dios amó tanto al mundo.
El regalo perfecto es que él nos dio a su único Hijo.
El único requisito es creer en él.
La recompensa de la fe es que tendrás vida eterna.

Atribuido a Corrie ten Boom

# Notas

## Capítulo 2: Dios tiene rostro

1. Max Lucado, *Dios se acercó: Crónicas del Cristo* (Miami: Vida, 1992).
2. Juan 11.1–36; Mateo 14.22–33; Juan 8.1–11.
3. Stephen Seamands, *Give Them Christ: Preaching His Incarnation, Crucifixion, Resurrection, Ascension and Return* (Downers Grove, IL: IVP Books, 2012), pp. 38–40.

## Capítulo 3: Salvados de nosotros mismos

1. Frederick Dale Bruner, *Matthew: A Commentary*, vol. 1, *The Christbook: Matthew 1–12*, rev. y ed. exp. (Grand Rapids: William B. Eerdmans, 2004), pp. 29–30.

## Capítulo 6: La adoración hace maravillas

1. Terry Wardle, *Exalt Him! Designing Dynamic Worship Services* (Camp Hill, PA: Christian Publications, 1992), p. 23.
2. «Always on My Mind» por Wayne Carson, Johnny Christopher y Mark James, publicado 1972.
3. Mateo 12.34.
4. John Wesley, *The Works of the Reverend John Wesley, A. M.* (Nueva York: B. Waugh and T. Mason, 1835), 7:609.

5. Harold Boulton, «All Through the Night», http://www.carols.org.uk/ a45-all-through-the-night.htm.
6. «Bertie Felstead», *The Economist*, 2 agosto 2001, http://www. economist.com/node/718781.

## Capítulo 7: Dios guía a los magos

1. Frederick Dale Bruner, *Matthew: A Commentary*, vol. 1, *The Christbook: Matthew 1–12*, rev. y ed. exp. (Grand Rapids: William B. Eerdmans, 2004), p. 60.
2. «Water Scene», *The Miracle Worker*, dirigida por Paul Aaron (1979; Atlanta, GA: Half-Pint Productions).

## Capítulo 8: La humildad brilla

1. Dean Farrar, *The Life of Christ* (Londres: Cassell, s.f.), pp. 22–23.
2. Flavius Josephus, *The Works of Josephus*, edición actualizada y traducida por William Whiston (Peabody, MA: Hendrickson, 1987), p. 882.
3. G. K. Chesterton, *Orthodoxy* (Hollywood, FL: Simon and Brown, 2012), p. 17 [*Ortodoxia* (México: Porrúa, 2000)].
4. *The International Standard Bible Encyclopedia*, ed., Geoffrey W. Bromiley, vol. 2, *E–J* (Grand Rapids: William B. Eerdmans, 1982), p. 693.

## Capítulo 9: Quizás hoy

1. Norval Geldenhuys, *Commentary on the Gospel of Luke: The English Text with Introduction, Exposition and Notes* (Grand Rapids: William B. Eerdmans, 1954), pp. 117–18.
2. Dean Farrar, *The Life of Christ* (Londres: Cassell, s.f.), p. 40.
3. Walter L. Liefeld, «Luke», en *The Expositor's Bible Commentary*, ed. Frank E. Gaebelein (Grand Rapids: Zondervan, 1984), 8:849.
4. Edmund Sears, «That Glorious Song of Old», v. 2, dominio público.

## Capítulo 10: Corona, cuna y cruz

1. «Whirlpool Galaxy Facts», Space Facts, http://space-facts.com/ whirlpool-galaxy/.

2. Tim Sharp, «How Big Is the Sun?/Size of the Sun», Space.com, 8 agosto 2012, www.space.com/17001-how-big-is-the-sun-size-of-the-sun.html.
3. Personal de Space.com, «Supergiant Star's Rainbow Nebula Revealed», Space.com, 23 junio 2011, http://www.space.com/12051-bright-nebula-photo-supergiant-star-betelgeuse.html.
4. Miriam Kramer, «Supergiant Star Betelgeuse to Crash into Cosmic "Wall"», Space.com, 23 enero 2013, www.space.com/19415-supergiant-star-betelgeuse-crash-photo.html.
5. Extracto de C. S. Lewis © copyright C. S. Lewis Pte Ltd. Usado con permiso.

## Capítulo 11: Adiós a las curvaturas

1. Rick Warren, *The Purpose of Christmas* (Nueva York: Howard Books, 2008), p. 41 [*El propósito de celebrar la Navidad* (Nueva York, NY: Howard Books, 2008)].
2. Juan 4.4–29.
3. Marcos 5.1–15.
4. Lucas 19.1–10.

## Capítulo 12: Cada día es Navidad, cada corazón es un pesebre

1. Joseph F. Kelly, *The Birth of Christmas* (Waco, TX: Center for Christian Ethics at Baylor University, 2011), p. 15, http://www.baylor.edu/content/services/document.php/159119.pdf.
2. J. B. Phillips, *New Testament Christianity* (Eugene, OR: Wipf and Stock, 2012), pp. 15–16.

## Guía de estudio

1. Eugene H. Peterson, *A Long Obedience in the Same Direction: Discipleship in an Instant Society*, edición revisada y expandida (Downers Grove, IL: InterVarsity Press, 1980, 2000), p. 100 [*Una obediencia larga en la misma dirección* (Miami: Patmos, 2005)].
2. Christina Rossetti, «Love Came Down at Christmas», All Poetry, http://allpoetry.com/Love-Came-Down-at-Christmas, dominio público.
3. Glennon Doyle Melton, http://www.facebook.com/glennondoylemelton, entrada en Facebook, 12 abril 2015.

4. Adele Ahlberg Calhoun, *Spiritual Disciplines Handbook: Practices That Transform Us* (Downer Grove, IL: InterVarsity Press, 2005), p. 27.